『通古察今』系列丛书

史家之绝唱

——司马迁与《史记》

王培华　著

河南人民出版社

图书在版编目(CIP)数据

史家之绝唱：司马迁与《史记》/ 王培华著. —郑州：河南人民出版社，2019. 12(2024. 5 重印)
(“通古察今”系列丛书)
ISBN 978-7-215-12328-1

Ⅰ. ①史… Ⅱ. ①王… Ⅲ. ①中国历史-古代史-纪传体②《史记》-研究 Ⅳ. ①K204.2

中国版本图书馆 CIP 数据核字(2019)第 293175 号

河南人民出版社出版发行
(地址:郑州市郑东新区祥盛街 27 号 邮政编码:450016 电话:0371-65788072)
新华书店经销　　永清县晔盛亚胶印有限公司印刷
开本 787 毫米×1092 毫米 1/32 印张 9.375
字数 135 千字
2019 年 12 月第 1 版　　2024 年 5 月第 3 次印刷

定价：58.00 元

序　言

在北京师范大学的百余年发展历程中，历史学科始终占有重要地位。经过几代人的不懈努力，今天的北京师范大学历史学院业已成为史学研究的重要基地，是国家首批博士学位一级学科授予权单位，拥有国家重点学科、博士后流动站、教育部人文社会科学重点研究基地等一系列学术平台，综合实力居全国高校历史学科前列。目前被列入国家一流大学一流学科建设行列，正在向世界一流学科迈进。在教学方面，历史学院的课程改革、教材编纂、教书育人，都取得了显著的成绩，曾荣获国家教学改革成果一等奖。在科学研究方面，同样取得了令人瞩目的成就，在出版了由白寿彝教授任总主编、被学术界誉为“20世纪中国史学的压轴之作”的多卷本《中国通史》后，一批底蕴深厚、质量高超的学术论著相继问世，如八卷本《中国文化发展史》、二十卷本“中国古代社会和政治研究丛书”、三卷本《清代理学史》、五卷本《历史文化认同与中国统一多民族国家》、二十三卷本《陈垣全集》，以及《历史视野下的中华民族精神》《中西古代历史、史学与理论比较研究》《上博简〈诗论〉研究》等，这些著作皆声誉卓著，在学界产生较大影响，得到同行普遍好评。

除上述著作外，历史学院的教师们潜心学术，以探索精神攻关，又陆续取得了众多具有原创性的成果，在历史学各分支学科的研究上连创佳绩，始终处在学科前沿。为了集中展示历史学院的这些探索性成果，我们组织编写了这套“通古察今”系列丛书。丛书所收著作多以问题为导向，集中解决古今中外历史上值得关注的重要学术问题，篇幅虽小，然问题意识明显，学术视野尤为开阔。希冀它的出版，在促进北京师范大学历史学科更好发展的同时，为学术界乃至全社会贡献一批真正立得住的学术佳作。

当然，作为探索性的系列丛书，不成熟乃至疏漏之处在所难免，还望学界同人不吝赐教。

北京师范大学历史学院

北京师范大学史学理论与史学史研究中心

北京师范大学“通古察今”系列丛书编辑委员会

2019 年 1 月

目　录

前 言

历史教育的一项重要内容，是引导读者阅读中华传统文化经典作品，增进对优秀传统文化的理解，培养民族审美趣味，继承和弘扬中华优秀传统文化。文化经典博大精深，且时代久远，语言障碍横亘，往往令人望而生畏，敬而远之，最终多数人所读仅限于节选篇目。学过节选的篇目，激发了阅读兴趣，但读一部完整的《史记》却力不从心，是当前普通读者面对《史记》时比较尴尬的处境。

著者正是针对这一现象，以导读的方式，力图为读者阅读《史记》提供有效的帮助。

关于本书的价值，不由想起朱自清先生《经典常谈·序》中的话："虽不能教一般人直接亲近经典，却能启发他们的兴趣，引他们到经典的大路上去，这部小书也只是向这方面努力的工作。如果读者能把它当作一只船，航到经典的海里去，编撰者将自己庆幸，……可如果读者念了这部书，便以为已经受到了经典训练，不再想去见识经典，那就以荃为鱼，未免辜负编撰者的本心了。”

本书著者所做的，就是打造一只通向《史记》之海的船。

首先，本书对《史记》，既有鸟瞰，又撷取其精华。司马迁掌握文史星历典籍，工于制作，融合了古代中国的全部知识，编写成我国历史上第一部纪传体通史。《史记》是汉武帝时代的百科全书，共130篇，52万字，记事上起轩辕黄帝，下迄汉武帝太初年间（前104—前101年），共写了两千多年的历史。《史记》包罗广泛，体大思精，上至天文、历法，下至地理、河渠，不仅写了中国（中原）华夏，而且写了边疆、外国；不仅写了政治、军事，而且写了经济、文化；不仅写了帝王将相、英雄豪杰，而且写了中下层的各色人等，包括酒徒、刺客、游侠、占卜、游闲公子、赵女郑姬、射击渔猎、博戏驰逐、斗鸡走狗、医生诸食技术之人、舞文弄法刻章造假的吏士、农工商畜牧杰出者、煮盐冶铁、贩脂卖浆等各色人等。这种囊括古今各种知识于一体而融合贯通的做派，是前无古人的；司马迁自述其写作宗旨是“究天人之际，通古今之变，成一家之言”，这种融合各家学术流派而自成史学一家之言，总结古往今来人类社会兴亡盛衰规律，并为现实政治服务的宏大目标，也是前无古人的。宋代学者郑樵著《通志》，高度推崇《史记》：“百代而下，史官不能易其法，学者不能舍其书。六经之后，惟有此作”。这还仅仅是就《史记》的体裁体例说的，并不全面。司马迁《史记》包罗百科式的知识体系，在他之前，只有古希腊希罗多德《历史》（作于公元前 5 世纪），可与之媲美。在他之后，公元 1 至 2 世纪，古希腊普鲁塔克（约 46—120 年）《希腊罗马名人传》有 50 篇名人传记。普鲁塔克曾被誉为世界“传记之王”，但他比司马迁差不多晚生 200 年，比班固晚生 14 年。司马迁才可以称为“传记之王”。

《史记》这样一部体大思精的著作，今人如何能够俯瞰其全貌，又撷取其精华？不太容易。笔者首先描述了汉武帝时代的总体精神风貌，又概述司马迁开创纪传体通史成一家之言的学术成就，使读者对《史记》

与汉代，特别是汉武帝时代的精神风貌，有总体认识。其次，《史记》不仅是百科全书式的史书，而且是中国第一部纪传体通史，所记人物众多。我们仅仅选择距离我们时代相对较近的十几位秦汉历史人物，介绍其生平事迹，及其与秦汉时代的关系。这些历史人物，都是人们耳熟能详的。这样，使青少年读者，能有兴趣阅读，从而提高他们进一步阅读的兴趣。

其次，本书忠于原典又合理申发。目前市面上所见司马迁及《史记》选本，有一二十种，但是，多数是就《史记》讲《史记》，就人物讲人物。从忠于原著角度看，这没什么不好。但是，我们认为，对青少年的阅读引导，还不仅仅是忠于原著这么简单的事，而是要合理引申。举例说，我们大多数中国人是汉族，简称汉人，文字叫汉字，语言叫汉语或汉语方言。大学里有汉语言文学系、历史学系、对外汉语教学。汉族、汉人、汉字、汉语、汉语言文学、对外汉语教学、历史学等等，这一切，都与一条伟大的河流——汉水，一个伟大的地方——汉中，一个伟大的皇朝——汉朝，一位伟大的皇帝——汉武帝，两位著名的史学家——司马迁（著《史记》）、班固（著《汉书》），紧密相联。

如果仅仅局限于阅读《史记》本书，就不能说清楚，当初刘邦为什么欣然前往汉中当汉王。秦灭后，项羽违背原先约定，——先入函谷关打败秦朝者可称王关中，要把刘邦赶到汉中，丰沛诸将坚决反对。只有萧何力排众议，劝刘邦到汉中，当汉中王，以汉中为根据地，抚育百姓，招致贤能，收复巴蜀，返身平定三秦，谋划统一天下大业。我们根据《汉书》做合理申发，讲明刘邦、萧何这一政治举措，不仅为汉皇朝奠定文化、物质和地理基础，更为我们民族之所以称为汉民族，奠定地理、物质和文化基础。

再次，对于汉武帝封禅大典，一般人多持批评态度。但是，从人与人、人与自然的关系角度，人们祭祀天、地、祖先，是表达人类对自然环境和祖先的敬畏之情。这种敬畏，使得人们生产、生活时，能多些对自然环境、人类祖先的敬畏之心，心存感激，珍爱生命，合理有节制地利用自然环境和自然资源，为后代子孙留下青山绿水，蓝天白云，使中华文明持续发展，使中华民族永远屹立于世界民族之林，使伟大祖国永远有力量，成为全国人民的美好家园。总之，我们试图对传统的内容，做合理引申，引导青少年学生多读书，多思考。

最后，北京师范大学历史学院对《史记》的研究和讲授，有比较长的历史。自20世纪60年代开始，著名史学家白寿彝先生，讲授司马迁与《史记》，研究《史记》和中国古代史，已经形成重视史学名著的优良传统。笔者多年为历史学院本科生讲授《史记》《汉书》等，使更多历史学本科生，能够有机会接受传统史学名著的熏陶，锻炼阅读理解古代文献的能力，为学习和研究中国古代史奠定基础。笔者撰写了《汉唐长安的粮食供应与关中天地人关系》《西汉长安的甲第》《汉初鲁元公主食邑考》等比较重要的论文，对西汉历史有自己的理解和领悟。

这本小书，是引导高中以上水平读者领略《史记》风景的理想读本。

上篇　司马迁与汉武帝时代

我们大多数中国人是汉族，简称汉人，文字叫汉字，语言是汉语或汉语方言。大学里，有汉语言文学系、历史学系、对外汉语教学等学科。汉族、汉人、汉字、汉语、汉语言文学、对外汉语教学、历史学等等，所有这一切，都与一条伟大的河流——汉水，一个伟大的地方——汉中，一个伟大的皇朝——汉朝，一位伟大的皇帝——汉武帝，两位著名的史学家——司马迁（著《史记》）、班固（著《汉书》），紧密相联。

一、汉武帝元封元年（前110年）泰山祭祀天地大典

人们常说，中国是礼仪之邦、文明古国。古代中

国有很多礼仪：吉礼（祭祀之事）、凶礼（丧葬之事）、军礼（军旅之事）、宾礼（宾客之事）、嘉礼（婚嫁之事），总称五礼。吉礼是五礼之冠，祭祀天、地、人或家族祖先，表达人类对于天、地、祖先的敬畏之情。明清帝王在皇城四周修建天、地、日、月四坛；天安门两侧，左为太庙（今为劳动人民文化宫），右为社稷坛（今为中山公园）；这些地方是祭祀天、地、日、月、土地和帝王祖先的地方。至今，春节或除夕、清明，人们仍设供品祭祀祖先。没有祖先，就没有我们。在立春、夏至、冬至举办一些民俗活动，宴飨、犒劳我们自己，表达我们对自然的崇敬之情、感谢之情。气候不顺，时令失调，土地荒芜，五谷不收，社会就会动荡不安，国家就会遇到很大的困难。没有土地，没有国土，没有祖先之国，就没有我们生存和活动的空间。我们今天勤奋学习、努力工作，致力于中华民族的伟大复兴，就是要使我们和后代过上好日子，使我们能在历史序列中延续下去，使中国永远屹立于世界民族之林。

《礼记》讲，天子祭天地和天下名山大川，诸侯只能祭其域内名山大川。汉代，在人们视野之内，中国有五座名山：华山、首山、太室（即嵩山）、泰山、东莱（即莱山，今大基山）。泰山之巅，离天最近。孔子登东山而小鲁，登泰山而小天下。泰山是最好的祭天之地。在泰山筑土为坛祭天，报天之功，为封；在泰山下梁父县（今山东泰安东南）肃然山（今山东莱芜西北）除地，报地之功，为禅，总称封禅。古来天子帝王都想到泰山举行封禅，即祭祀天地大典。春秋时期，春秋五霸之首齐桓公欲封泰山，禅梁父。管仲坚决劝阻，齐桓公不听。管仲说，只有远方奇珍异物来才可以封禅，桓公这才打消念头。鲁国权臣季孙氏打算祭祀泰山，孔子要弟子冉有阻止季孙氏，因为季孙氏不够资格祭祀泰山。

封禅泰山成为齐鲁人们心中最崇高神圣之举，只有到泰山举行祭祀天地的大典，才能得到天地的承认，才算天下统一。秦统一后，这种思想由燕齐海边方士传播到秦国。公元前219年，秦始皇带领百官群臣来到泰山，举行祭祀天地大典。

公元前110年（元封元年，汉武帝年号，因为这一年举行封禅大典）十月[1]。汉武帝开始准备到泰山举

[1] 秦朝及汉武帝太初元年（公元前104年）以前，都以十月为岁首，到次年九月为一年；太初元年才改为以正月为岁首。

办祭祀天地大典。他说:“古者先振兵释旅,然后封禅。”振兵释旅，即休整军队。休整军队，才能进行在泰山举办祭祀天地的典礼。汉武帝诏书说，“南越、东瓯，都已经归顺汉朝,西蛮、北夷颇未和睦。朕将巡行边陲，振兵释旅，躬自秉持武节，设立十二部将军，亲率师。”夷、戎、蛮、狄，是古代中原华夏民族对东、西、南、北四方少数民族的称谓。东越、东瓯又是对今天浙江一带少数民族的称谓。汉武帝认为，东南的少数民族已经归顺汉朝，只有北方的狄，内部不和睦。我将巡行北边，休整军队。

汉武帝亲率十八万骑兵，从长安出发，往北出长城，到达朔方(今内蒙古杭锦后旗北)，旌旗千里飘动，威震匈奴。汉武帝派使者对单于说:“南越王头已悬挂于汉朝皇宫未央宫的北阙。单于能战，天子自将待边；不能，亟来臣服。为何逃亡藏匿于漠北苦寒之地！”单于闻风丧胆。

公元前109年春天[1]，汉武帝带领群臣百官离开长安，车马骑从，浩浩荡荡，向东出发，先在华山、

[1] 在以十月为岁首的历法制度中，春天相当于公历第二年。

嵩山举行祭祀，继续向东进发，登上泰山，草木未生，于是在泰山上刻石，石刻高二丈一尺，上面刻有文字："事天以礼，立身以义，事父以孝，成民以仁。四海之内，莫不为郡县，四夷八蛮，咸来供职。与天无极，人民蕃息，天禄永得。"表达了对天地君亲和人民的美好祝愿。汉武帝接着东巡海上，祭祀原齐国八神中的七神：天主、兵主、阴主、阳主、月主、日主、四时主。

四月，汉武帝回到泰山，到泰山脚下的梁父山，礼祠八神中的地主。四月十九日，汉武帝与他最信任的骠骑将军霍去病之子、奉车都尉霍嬗（字子侯）登上泰山，举行祭天典礼，具体内容严禁泄密，外人不得而知。次日，他们从泰山北道下来，又祭祀泰山脚下东北方的肃然山。每次祭祀，汉武帝都穿黄色衣服，鼓乐齐奏，用产于江淮有三条脊棱的茅草当荐垫，纵放远方奇珍异兽及白雉。汉武帝封禅回来，坐在泰山东北麓的明堂[1]，群臣依次祝福。汉武帝下诏说："朕以渺小之身，继承至尊大位，兢兢业业，

[1] 天子宣明政教的地方。在此举行朝会、祭祀、庆赏大典。

德行菲薄，不明礼乐，所以祭祀八神[1]。于是登封泰山，禅梁父。现在，朕要自新，与士大夫有一个新的开始，更改年号为元封。”汉武帝又说，古代天子五年一巡狩天下，祭祀泰山，诸侯在泰山都有朝会时的住宿地。现在，令诸侯都在泰山脚下修筑府邸，以便朝会时住宿。汉武帝从泰山下，东巡行海上，至碣石上，自辽西回到长安。

后来汉武帝又五次到泰山封禅：元封五年（前 106 年）春三月，汉武帝又到泰山增封，祠高祖于明堂，让诸侯王、列侯到泰山来。汉武帝在泰山接受郡国上计，各郡国上报其人口、土地、粮食等数字。太初元年（前 104 年）十月行幸泰山，十二月在泰山脚下祭地。太初三年（前 102 年）夏又从海上到泰山封禅。太始四年（前 93 年）行幸泰山，祀高祖、景帝，接受郡国上计。征和四年（前 89 年）三月到泰山封禅。汉武帝

---

[1] 八神：先秦到秦汉，齐地盛行祭祀主宰宇宙的八位神。《史记·封禅书》说，八神，一曰天主，祠天齐（位临菑南郊山下天齐渊）。二曰地主，祠泰山梁父。三曰兵主，祠蚩尤（东平陆监乡）。四曰阴主，祠三山（今参山，位于今山东莱州北）。五曰阳主，祠之罘（今山东烟台芝罘山）。六曰月主，祠之莱山（今山东烟台龙口南）。皆在齐北，并勃海。七曰日主，祠成山（今山东威海荣成）。八曰四时主，祠琅邪（山东胶南琅琊镇，今改为青岛市黄岛区琅琊镇）。

俨然把泰山作为第二个京师。

汉武帝举行祭祀天地大典，汉朝人认为这不仅是汉朝历史上一件大事，在中国历史上也是一件大事。自周成王封禅以来，已经近千年没有封禅了。自汉文帝以来，不少士人以能举行祭祀天地大典，从行泰山感到光荣。司马相如《封禅文》云，油然作云，沛然下雨。时雨如甘露，渗透土壤，培育万物。嘉谷多穗，蓄积稼穑。雨之泽之，普降甘霖。周代未可封而封，汉代可封而不封，大汉山河壮丽，王者大业，不可谦让，宜令太常掌故（官员名称），讲论大典，祭祀泰山，感谢天地对万物群生的养育，也要兴必虑始，居安思危。司马迁作《封禅书》记录古来封禅的历史，表示封禅要以恩惠普及民众为基础。汉元帝时文献学家刘向《五经通义》认为，在泰山举行祭祀天地大典，显示受命而王，治理群生，告太平于天，向众神报功。

今天来看，历代帝王在泰山举行祭祀天地的礼仪，目的是宣扬其政治威权、统治合法性，反映出统一国家政权巩固加强统治的思想愿望；从远古的众多图腾崇拜和各地的山泽崇拜，走向对天地自然的崇拜，显示了历史的进步和人类自觉意识的不断增强。所以，泰山封禅具有重要的时代特征和社会意义。后来汉武帝五次到泰山封禅，每次都到山东半岛沿海。遥远的东方海滨，对汉武帝具有无限的吸引力。

二、太史令司马谈不能参加典礼，无限遗憾，临终要求司马迁撰写汉朝历史

太史令司马谈本应参加大典，却因病不能参加旷世盛典。司马谈，陕西韩城人，汉武帝建元、元封年间为太史令，迁居茂陵邑显武里。建元二年（前139年），汉武帝在长安西北槐里县（今陕西兴平）茂乡修建茂陵，[1] 方圆三里，并两次迁徙天下富户、豪强到茂陵，实行强干弱枝即加强京师弱化地方的策略。茂陵有成观里、显武里等，万石君（石奋）、司马相如、大侠郭解等，都在此居住。司马谈向唐都学天文历法，从杨何学易，跟黄先生学道论。太史令是六百石吏，掌管天时、星历，每到年底，须向皇帝呈上第二年

[1] 茂陵，汉武帝陵墓，在长安西北八十里。汉武帝建元二年于槐里县茂乡建茂陵。

历法；凡遇到国家祭祀及丧娶，太史令负责确定良辰吉日及时节禁忌。凡国家有祥瑞灾异，太史令负责记录；同时掌握皇家图书馆和各地上计的文书资料。司马谈兼懂天文历法星象等自然科学知识，并因职务便利，广泛接触国家现存的各种文献。司马谈参与过当时很多典礼，也记载过很多史事。可是元封元年三月间，司马谈跟随皇帝东行，因病滞留洛阳，不能参加千载难逢的泰山祭祀天地大典，愤慨不已，即将不久于人世。

其子司马迁，武帝建元六年（前 135 年）[1] 生于黄河和龙门山附近，即今陕西韩城。十岁时接受父亲传授的知识，诵读用篆文书写的古代文献；后随父亲定居长安茂陵（今陕西兴平）显武里时，向儒学大师董仲舒学习公羊学派《春秋》，又向经学大师孔安国学习篆文《尚书》。十九岁就成为朝廷博士官的弟子。汉武帝元朔三年（前 126 年），司马迁二十岁，随同博士储太等六人循行天下，开始了游历生涯，先后游历了今河南、湖北、湖南、江西、浙江、江苏、山东等广大

[1] 司马迁出生年份，有汉景帝中文五年（前 145 年），汉武帝建元元年（前 135 年）等说法。此从后说。

地区。司马迁当郎中时，奉命到今四川、云南等西南地区进行考察。

元封元年春夏之交，封禅大典结束后，司马迁恰从西南回来，在洛阳见到生命垂危的父亲，父子之间有一场庄严的对话，司马谈说："虞舜和夏禹时，司马氏的远古祖先就执掌天文历法文史等事，很有声望。我先辈是周朝太史，后来中衰，难道到我这就中断传统吗？我家世代都是太史，我死后，你继续为太史，就能继续我祖先的事业。现在大汉天子上承周天子事业，到泰山祭祀天地，我作为太史，不能从行，这是命吗？这是命吗？我死后，你必定当太史，当太史，不要忘记我想要论著的大汉历史。孝，始于侍奉亲人，忠，在于侍奉君主，最后在于立身。扬名后世，为父母增光，这是大孝。从孔子著《春秋》以来，大约四百多年，诸侯兼并，历史记载都断绝了。现在汉朝建立，海内一统，明主、贤君、忠臣、死义之士，我作为太史却能不记载，使天下史文不传，我很担心啊，你认真考虑下我的话吧！"司马迁低头流泪说："我虽然不聪明，但请让我详尽论述您所编纂的史料，不敢有所缺漏。"

躬逢国家统一，却不能参加汉武帝元封祭天地大典，司马谈非常遗憾；恰遇国力强盛，他竟然不能写出一部像《春秋》那样的传世之作，他感到非常痛苦。这两大憾事，让司马谈把希望寄托在儿子身上。他要求司马迁继承其遗志，“为太史，续吾祖，叙史文”，完成撰写史书的重任。这不仅是一位父亲临终前对儿子的谆谆嘱托，更传达出一种历史责任感、使命感。这使司马迁受到极大的震动，他俯首流涕，表示要在先人编次的史稿基础上完成史书。这种历史使命感和责任感支持着司马迁，使他无论遇到多么严重曲折侮辱，都百折不挠，奋勇向前，撰写出一部从黄帝到汉武帝太初年间波澜壮阔的中国通史。

三、司马迁为太史令，查阅汉朝档案文书，调查访问

元封三年（前 108 年），司马迁接任父亲司马谈的太史令之职。太史令，掌管天文、历法、音律、历史记载、图书等多种事务，是一种技术性工作，没有天文、历法、音律和历史知识难以胜任。而要接受并精通这

类知识和方法，需要多年积累，或者有家学渊源。古代文献，如《诗》《书》《礼》《易》《春秋》，号称五经（儒家的五种经典）。一个人从十五岁开始学习，三年才能精通一种，三十而立，即三十岁时才能把五种经典都学会。每种书又有多家解释，有些人从幼年开始学习，直到六十岁才能掌握一种书，才敢发言。司马迁十岁就开始学习、诵读用篆文书写的先秦文献，他博通《诗》《书》《礼》《易》《春秋》《铎氏微》《虞氏春秋》《吕氏春秋》《秦记》《世本》《战国策》《楚汉春秋》，又读管子、晏子、孔子、孟子、荀子、老子、庄子、申子（申不害）、韩非子、邹衍、公孙龙、陆贾等人的著作，到二十来岁就成为国家的太史令，虽然俸禄只有六百石，官职不高，可是已经非常了不得。他勤奋好学，读万卷书，行万里路。

司马迁做了太史令，有机会接触到皇家收藏的各种史书、诸子百家以及档案文书等。春秋战国时，各国都有史记，大多记本国史，偶尔涉及他国史。秦统一后，烧天下《诗》《书》，尤其烧掉各国史记，因为各国史记对秦有所讽刺。比如，秦国实行人殉。又比如，秦国在商鞅变法前，父子同室而寝。变法后，要求成年男子结婚后都要与父母分家单过，另立门户，否则要征收双倍赋税。因此，秦人家富子壮则分家，家贫子壮则入赘女家。父子各自都有核心家庭和利益。要是借给父母农具、生活用具，锄头、簸箕、扫帚，儿子沾沾自喜，觉得有恩于父母，儿媳妇则就碎碎叨叨不高兴。儿媳妇甚至像簸箕一样伸开两脚坐着，在公公面前解开衣服，给婴儿哺乳，很不礼貌。婆媳不相悦，儿媳妇对婆婆反唇相讥。在东方各国看来，这些风俗落后，目无尊长，没有上下长幼男女之别，自然遭到各国的讽刺。为了避免让后人看到秦国的陋习和不让后人批评，秦统一后，把各国史书都烧掉了，只剩下《秦记》。可是《秦记》不记载月日，文字简略。要撰写自黄帝以来的中国历史，司马迁必须对多种文献综合考察，融会贯通。

先秦文献、汉代官方文书和档案，是司马迁撰写汉朝历史的重要材料来源。汉朝档案藏在太常、御史和丞相府等机构中，都放在金匮石室里，金封石缄。《太史公自序》称，秦朝焚灭诗书，图籍散乱，“汉兴，萧何次律令，韩信申军法，张苍为章程，叔孙通定礼仪，则文学彬彬稍进，诗书往往间出矣。自曹参荐盖公言黄老，而贾生、晁错明申、商，公孙弘以儒显。百年之间，天下遗文古事，靡不毕集太史公。”先秦文献、汉代官方文书和档案，对于司马迁纵观古今政治兴衰、学术变迁，熟悉当代政治人物和事件，掌握丰富的历史资料，有极大的帮助。

举例来说，汉初，汉高祖分封一百四十三位功臣为王、侯。册文丹书、印章用铁契刻，放在金属缄封的柜子里，藏在用石头修成的屋子里。即所谓丹书铁契，金匮石室。汉高祖又制订十八侯的排位顺序。这些文书都藏在宗庙里，副本藏在御史府等机构。司马迁为撰写汉朝历史，每位功臣的功劳数字，全部来自档案资料。比如，曹参功劳，是凡下二国，县一百二十二，得王三人，相三人，将军六人，大莫敖、郡守、司马、侯、御史各二人；周勃功劳，是得相国一人，丞相二人，将军、二千石各三人，别破军二，下城三，定郡五，县七十九，得丞相、大将各一人。很难想象，如果没有档案资料，司马迁能写得如此详细。又比如，汉朝分封时，给予列侯、公主食邑和封户。司马迁为了记录各诸侯王所得国或食邑，都利用了档案文书资料，如曹参食邑万六百户，周勃八千一百户，

五千户，

击匈奴。
匈奴，斩
今河套地
。封三
。其校
为将者
呢？司
有官及
汉朝人
汉杀匈
死者十
。没有
为司马
是无与

就是司
历史；
也是

司马迁写汉朝历史

马迁二十岁时到全

逸闻轶事。在淮阴

他探访了萧何、曹

沅湘流域，他凭吊

和临淄齐鲁之都，

车服礼器，观摩

在河南，他探访了

守过的夷门。在北

长城亭障以及秦直

增长了阅历，使他

有助于他了解各地

这是司马迁著成《

又，汉武帝时

还在世为官。如

的门客）的儿子

骂单于，遂死于

为司马迁详细叙

（食其，yì jī）之

事都是司马迁亲

陈平五千户，张良万户，萧何八千户，樊哙五千户，等等。

又比如，汉武帝派大将卫青、霍去病出击匈奴。司马迁记录卫青功劳：“大将军青，凡七出击匈奴，斩捕首虏五万余级。一与单于战，收河南地（今河套地区），遂置朔方郡，再益封，凡万一千八百户。封三子为侯，侯千三百户。并之，万五千七百户。其校尉裨将以从大将军侯者九人。其裨将及校尉已为将者十四人。”杀敌一千，自损八百。汉军损失多少呢？司马迁记录马匹损耗：“两军之出塞，边塞上记录有官及私马，凡十四万匹，而复入塞者不满三万匹。”汉朝人员伤亡至少十来万。根据《匈奴列传》记载，汉杀匈奴八九万，汉士卒物故（死亡）亦数万，汉马死者十余万。汉匈战争，双方百姓都付出了惨重代价。没有档案文书，不可能得到这样详细的数字。正因为司马迁引用了档案资料，《史记》的真实性、可信度是无与伦比的。

“读万卷书，行万里路”这句话最开始说的就是司马迁。司马迁到各地调查访问，寻求民间口头历史；向历史事件亲历者，或其后代，访问逸闻轶事，也是司马迁写汉朝历史的第三、第四个重要资料来源。司马迁二十岁时到全国各地游历，听到一些历史人物的逸闻轶事。在淮阴，他探访了韩信的遗迹。在丰沛，他探访了萧何、曹参、樊哙、夏侯婴等人的故居。在沅湘流域，他凭吊了屈原自沉的汨罗江。在山东曲阜和临淄齐鲁之都，他学习礼仪，参观了孔子的庙堂、车服礼器，观摩诸生习礼，并探访了孟尝君的食邑。在河南，他探访了魏都大梁（今开封）之墟和侯嬴看守过的夷门。在北方边塞上，他行经蒙恬为秦修筑的长城亭障以及秦直道。壮阔的游踪，为他打开了眼界，增长了阅历，使他有机会比较广泛地接触到下层群众，有助于他了解各地的经济生产、风土特征及地理形势。这是司马迁著成《史记》的第三个原因。

又，汉武帝时，汉初有些历史事件的当事人后代，还在世为官。如，汉文帝时，拜平原君朱建（审食其的门客）的儿子为太中大夫，出使匈奴，单于无礼，骂单于，遂死于匈奴。平原君的儿子与司马迁友善，为司马迁详细叙述汉文帝时淮南厉王杀辟阳侯审食其（食其，yì jī）之事。汉武帝时代，一些将相大臣的行事都是司马迁亲见亲闻的，比如他写万石君（石奋及四个儿子都为二千石吏，俸禄合计万石，称万石君），非常详细生动。万石君长子石建为郎中令，上奏文书中有马字，他读文书后说，误书“馬”字，马字下面四点，还有下曲折为尾巴，合起来为个五笔划，现在四个笔划，缺一个，皇上该谴责死罪啊。他惶恐谨慎得不行。他每五日回家休息，亲自为父亲洗贴身内衣裤，不用侍者。少子石庆为内史，治理京师，有一次晚上醉酒回来，到闾里（有围墙的住宅区）外门不下车。万石君气得不吃饭，说，内史贵人入闾里，长老皆躲起来，内史却坐在车中神色自如。直到石庆右袒（袒露右臂）谢罪，万石君才原谅他。后来石庆及诸子弟入里门都小跑到家，不敢张扬招摇过市。石庆为太仆，为汉武帝驾驭马车，很清楚皇帝乘舆到底几匹马，可是汉武帝问车中几马，他竟然举起马鞭，一一数出来，数毕，才举手报告：六马。石庆在小事上谨慎小心，被封为丞相。司马迁说，国家外事四夷，南诛两越，东击朝鲜，北逐匈奴，西伐大宛，国家内部事务多。天子巡狩海内，泰山封禅，兴礼作乐。国家财政收入少，桑弘羊等为国家兴利敛财，王温舒（汉代酷吏，曾官至御史）等人实行严刑峻法，倪宽（曾任御史大夫）等推文学（指学校的负责人）官至九卿，任何事都不报请丞相决定，丞相石庆只是淳厚谨慎而已，在位九年，不能有所进言，纠正君主的行为，没有任何政治作为，不能为百姓代言，只以醇谨小心为能事，子孙为吏官至二千石者十三人，这样的丞相于国于民有何益处？司马迁对他们的刻画，简直就是一幅绝妙的政治讽刺漫画。万石君卒于元朔五年（前124年），次年石建死，太初二年（前103年）石庆死，这些事情都是司马迁亲历的，他能刻画得如此生动，一定了解这些公卿将相的逸闻轶事，才能像谈论邻居家事一样自然。事实上，万石君一家在汉武帝时迁到茂陵邑，而司马谈司马迁父子居住在茂陵显武里，两家都在茂陵周围三里的范围内，算是左邻右舍，算是知根知底。

司马迁描写侠客郭解“为人短小精悍，不饮酒”。元朔二年（前127年）迁徙富豪到茂陵，规定家庭资产过三百万的人家，才能迁到茂陵。郭解家资产不够格，别人赠送千万余资产给他。“吾视郭解，状貌不及中人，言语不足采者。然天下无贤与不肖，知与不知，皆慕其声，言侠者皆引以为名。”为什么司马迁描写这么细致？他见过郭解。郭解于元朔二年被徙到茂陵。建元二年（前 139 年）汉武帝于槐里县茂乡设置茂陵邑，方圆三里。当年和元朔二年，共计迁徙一万六千户，目的是把天下豪杰并兼之家、乱众之民迁到茂陵，让京师富裕，并消除奸猾之徒，叫做“内实京师，外销奸猾”，在这个背景下，很多人迁居到茂陵。

司马相如，有名赋好几篇，元狩五年（前 118 年）病免，居茂陵。汉武帝怕司马相如写的赋丢失，让所忠去他家取书。当时司马相如已死，卓文君说，长卿未有书，时时著书，人又取去，家里没剩什么了，只交给所忠《封禅颂》。

司马迁有同官同僚，了解当代史事。司马谈去世后，汉武帝任命司马迁为郎，在宫殿守卫门户，与李陵等同职。司马迁为太史令，为中书令，见证了自元狩三年（前 120 年）至征和三年（前 90 年）间，汉武帝时代的很多大事。他与苏武之父苏建、大侠朱建之子友善，与田叔（汉初官员，曾在赵王及鲁王手下任职）之子田仁、任安（任安，字少卿，西汉官员，曾任益州刺史）等都有交往。所以，他很详细记述田叔及赵王张敖和鲁王刘余事，卫青、霍去病及其抗击匈奴，田仁、任安在汉武帝晚年巫蛊之祸中的行事。

太初元年（前104年），司马迁与中大夫壶遂定律历，壶遂为他讲述御史大夫韩安国之事，所以，司马迁很详细记述韩安国的事迹，包括韩安国劝说文帝之子梁孝王刘武，调停刘武与汉景帝、窦太后的矛盾。“观韩长孺之义，壶遂之深中隐厚”，梁地多长者。翟公，元光五年（前130年）为廷尉。郑当时，元光六年（前129年）为太常司马、太史，是司马迁前辈。翟公、汲黯、郑当时，当他们有权有势时则宾客盈门，无势则门可罗雀，“一死一生，乃知交情。一贫一富，乃知交态。一贵一贱，交情乃见。”“汲、郑亦云，悲夫！”这些感慨，是司马迁有感而发。司马迁居茂陵，在朝中为官，接触不少百官公卿和下层民众，了解其逸闻轶事，是司马迁《史记》能成功描写人物外貌、作品、对话、性格特征的原因，也是他能了解汉武帝朝重要政事的原因。

总之，司马迁自从接受父亲遗命，做太史令以来，搜集到很多文献，阅读并抄录了很多汉朝国家档案资料，与周围同事等人的接触，也丰富了其对汉代政治和社会的认识，他着手撰写了一些篇目。

当司马迁为郎官、为太史令时，意气风发，不置产业，不与同事一起喝酒聊天，就想努力工作，为国出力，浑身上下都洋溢着进取的力量。他鼓励隐士出山，建功立业。司马迁与长安处士隐居涤山（处士指有德才隐居而不愿做官的人）的挚峻交好，写信赞扬他“材能绝人，高尚其志，以善厥身，冰清玉洁，不以细行荷累其名。”劝他立德、立言、立功。

挚峻谦虚地推辞：“君子料能而行，度德而处，故悔悋（lìn）去身（也作悔吝去身，其义有三：灾祸、悔恨、追悔顾惜。全句为远离灾祸，不后悔）利不可以虚受，名不可以苟得。汉兴以来，帝王之道于斯始显，能者见利,不肖者自屏,亦其时也。《周易》‘大君有命，开国承家，小人勿用。’徒欲偃仰从容，以游余齿耳。”意即，有才德的人，根据自己的能力和品德做人处事，所以会远离灾祸，不用悔恨。他们不会平白无故地接受好处，也不会随随便便地谋取名誉。汉朝建国以来，帝王之道才开始彰显出来。有能力者出来做事，同时谋取一定好处，而才能低下者就没有这种机会了。这就是这样的时代。《周易》讲，战争结束，君王论功行赏，颁布命令，有人封为侯，有人被任命为卿士、大夫，但小人则不可使其拥有土地或获得政治权力。我（挚峻）就想从从容容地度过余生。

人各有志。可挚峻关于“帝王之道于斯始显”的见解，支持了司马迁对于汉武帝时代的认识，使他更加坚定地投身于这个伟大的时代，并创造着历史。

四、司马迁肩负神圣使命而著《史记》

从先秦到秦汉，再到唐宋，古代著名思想家，都有一种自觉传承中国文化的使命感和责任感。孔子在齐、鲁未受重用，周游列国，推行其思想主张，有一种传播周礼文化的历史责任感和使命感。公元前496年，孔子从卫国到陈国去，经过匡（今河南长垣）。匡人曾受到过鲁国权臣阳虎的侵犯。孔子长得像阳虎，于是匡人把孔子包围起来。孔子说：“文王既没，文不在兹乎？天之未丧斯文也，匡人其如予何。”大意是，文王之后，周代的礼乐文化，不都体现在我身上吗？上天都不灭周代礼乐文化，匡人能把我怎么样！果然，孔子自卫返鲁，然后正乐，使《雅》《颂》各得其所。

孔子重新编订原来已经散乱的《礼》《乐》《诗》三百篇，使《风》《雅》《颂》都按顺序编排起来。

齐国威王、宣王时代，孟子两度到齐国。齐宣王举办稷下学宫，封淳于髡以下，为列大夫，给他们提供高级住宅，高门大屋，尊宠礼遇。齐宣王想恢复齐国昔日霸业，一见孟子，便向他请教如何成就霸业之事，孟子回答，行仁政。但齐宣王认为，行仁政，善则善矣，不切实际。孟子在齐国前后逗留六七年，本来孟子对齐国实行仁政，抱有很大希望，但是他多次碰壁，齐宣王表面尊敬他，从来没有认真采纳他的主张。孟子看出齐宣王无意推行其政治主张，于是辞退卿位，决意离开齐国。

孟子要离开齐国了，弟子充虞在路上见到孟子，说，先生好像神色不悦，可是前几日，我还听先生说，君子不怨恨天，不责怪人。孟子说："彼一时，此一时也。五百年必有王者兴，其间必有名世者。由周而来七百有余岁矣，以其数则过矣，以其时考之则可矣。夫上天未欲平治天下也。如欲平治天下，当今之世，舍我其谁也！吾何为不豫哉！"孟子的意思是，那时是那时，现在是现在。历史上每过五百年，必定有圣明君主兴起，其中还必定有声望很高的辅佐者。从周文王至今，已有七百多年了。算年头，已经超过五百年了；按时势需要而论，也该是大有作为之时。只是上天老子还不想让天下太平，如果要使天下太平，当今之世，除了我，还会有谁？我为什么不痛快呢？从尧舜到商汤五百岁，从商汤到周文王五百岁，从周文王到孔子五百岁。历史每经过一段平缓时期，总会有一个高潮，国家治理，社会安定。在国家治理、社会安定问题上，孟子更有一种舍我其谁的责任感和使命感。这种思想对后世影响深远。

司马谈、司马迁父子深受孟子的影响。也有这种“五百年必有名世者”的思想。司马迁说：“先人有言：‘自周公卒五百岁而有孔子。孔子卒后至于今五百岁，有能绍明世，正《易传》，继《春秋》，本《诗》《书》《礼》《乐》之际？’意在斯乎！意在斯乎！小子何敢让焉。”周公能论述文王、武王之功德，宣扬周公、邵公之风雅，通晓太王、王季之思虑，乃至于公刘、后稷等周族的祖先。但是，西周末年，尤其是周幽王、厉王后，王道缺失，礼坏乐崩。周公去世几百年后，春秋时，孔子把周代的礼乐制度用文献保存下来，论《诗》《书》，作《春秋》，学者以《诗》《书》《礼》《易》《春秋》为准则。司马迁认为，自孔子以来五百年了，复兴史学，正当其时，舍我其谁！

特别是“汉兴以来，至明天子，获符瑞，建封禅，改正朔，易服色，受命于穆清，泽流罔极，海外殊俗，重译款塞，请来献见者，不可胜道。臣下百官力诵圣德，犹不能宣尽其意。且士贤能而不用，有国者之耻。主上明圣而德不布闻，有司之过也。且余尝掌其官，废明圣盛德不载，灭功臣世家贤大夫之业不述，堕先人所言，罪莫大焉。余所谓述故事，整齐其世传，非所谓作也。”——汉兴以来，至武帝时代，获祥瑞如白鹿、宝鼎，建汉家封禅，改正月为年始、朔日为月始，改变原先服饰尚黑，衣服、节旗都崇尚黄色，受命于高高在上的天极，福泽无边无际，海外不同风俗之国，需要多次翻译才能语言相通的国家，都来边塞与汉交往，请求向天子进献贡品，来参见天子。现在臣下百官都歌颂圣上的贤明，还恐怕词不达意。贤士能臣不被任用，是天子之耻。主上圣明，恩泽德音不宣布于天下，那是有关机构的失职。我（司马迁）身为太史令，不记载主上盛德，不叙述功臣、世家、贤士大夫之功业，忘记先人之遗言，罪过就大了。我现在就是在叙述历史，整理流传下来的历史人物的传记事迹，并未刻意进行创作。述往事，思来者，时代需要有人总结以往历史，让后代能从中吸取经验教训，继续前行。

司马迁生逢汉武帝时代这样伟大的时代，是时代造就了司马迁，司马迁如实记录了这个伟大的时代。司马谈、司马迁父子以周公、孔子为榜样，自觉主动地承担起撰写历史著作的历史使命和伟大责任。

五、太初元年（前104年）制订《太初历》，正月为岁首

中国历史上的大发展时期，一是秦汉，二是隋唐，三是宋辽金元，四是明和清前期。西汉是第一个发展时期。汉武帝时代是中国历史上一个奋发向上、大有作为、英雄辈出的时代，是中国历史上的一个高潮。

汉初，由于秦末战乱，青壮年男子参军打仗，老弱负责转运粮饷，同时兴建各种土木工程，财力物力非常匮乏，天子不能乘坐四匹一色的马车，有些将相

大臣只能乘坐牛车，平民百姓家里没有什么积蓄，物价高涨，一石米（石，古代重量单位，汉代一石约三十公斤）值万钱（指铜钱），一匹马值百金。[1]

萧何、曹参等人在政治上清静无为，实行“与民休息”的政策，经过“文景之治”，到汉武帝时，汉朝经济得到发展，社会稳定，人民富裕：“至今上即位数岁，汉兴七十余年之间，国家无事，非遇水旱之灾，民则人给家足，都鄙廪庾皆满，而府库余货财。京师之钱累巨万，贯朽而不可校。太仓之粟陈陈相因，充溢露积于外，至腐败不可食。众庶街巷有马，阡陌之间成群，而乘字牝者傧而不得聚会。守闾阎者食粱肉，为吏者长子孙，居官者以为姓号。故人人自爱而重犯法，先行义而后绌耻辱焉。当此之时，网疏而民富，役财骄溢，或至兼并豪党之徒，以武断于乡曲。宗室有土公卿大夫以下，争于奢侈，室庐舆服僭于上，无限度。”大意是，汉武帝时，从京师到边邑，大小粮仓都堆满粮食，府库积累了很多财富，京师大司农等国家财政部门，积累的钱，以万万计，千钱一贯，穿钱

[1]　汉朝时，金指黄铜，黄金才是金，一斤金（黄铜）值万钱。

的牛筋绳子都断了。太仓积累的粮食，陈粮覆盖着陈粮，仓库里放不下，就露天堆积，风吹雨淋，腐败不可食。大街小巷都有马匹，田野之间马匹成群，乘坐母马参加聚会的人，会受到排斥。看门的人都能吃上细粮和肉食。官员在一个职位上任职时间过长，以至养育了子孙。于是官员就以职名为子孙姓氏，如看仓库的，就用仓氏、庾氏作为姓氏。人人自爱，不轻易犯法。社会上，提倡行为正义，贬斥羞耻行为。当时，法网疏松，人民富裕，恃财骄奢放纵，乡里富豪无官位，却能以威势主断乡里曲直；宗室贵族、列侯都争相购置土地，公卿争相奢侈，住房、车马、服饰都超越级别。这一切，都说明汉武帝时代，国富民富，社会风气昂扬向上。而有些人恃财骄奢放纵，需要制订新的制度来规范社会行为。这种新制度的主要方面是历法、礼乐、官制、服饰等。

司马迁不仅撰写历史，也如那个时代一切有作为的人们一样，都不肯落后于这个伟大的时代，都在奋发昂扬地创造着历史。他撰写《史记》，凭一己之力，创作出五十余万字的中国通史，不仅是当时，而且也是两千年来的一项伟大工程，这是一项古往今来创造历史的重要事件。同时，司马迁在历法改革、礼、律等方面同样创造着历史。

自秦朝至汉武帝元封七年（前104年），都使用十月为一年开始的历法制度。九月底为一个财政年度的末月，十月各地官员到京师长安，汇报各地人口、土地、社会等情况。随着农业生产的发展，人们渐渐觉得，这种政治年度、财政年度，和人们习惯的春夏秋冬不合，也与农事活动不合。

司马迁深知历法的重要性。他认为，春天河冰融化，蛰虫醒来，百草奋发，子规（杜鹃鸟）鸣叫，历法要顺应时节。从春季开始，到冬季结束，太阳从东方升起，西方降落；月亮从西方开始发亮，到东方降落。一年之始最重要，“王者易姓受命，必慎始初，改正朔，易服色”。帝王建立新政权，必定要认真慎重地对待历法制度，重视一年一月的开始，制订新的历法，规定新的服饰颜色。制订历法，必须符合天象的自然规律和人类社会的生产生活规律。“正不率天，又不由人，则凡事易坏而难成”。历法中，一年从哪个月开始，正月从哪天开始，不遵从天象的自然规律，不符合人类社会的生产和生活规律，一切事情就很难成功。

由于历法的重要性，自黄帝以来，制订历法就是天子的重要职责，舜、禹递相告诫“天之历数在尔躬”，帝王要亲自制订历法。可是社会动荡，制历工作受到干扰。春秋以来，战争不断社会动乱，懂历法者四散逃离周王朝京师洛阳，战国时列国纷争，无暇顾及正朔。

法律，在事后惩罚犯罪，而礼仪，在事前规范行为、预防犯罪。礼的作用非常大，有洋洋美德。司马迁说：“宰制万物，役使群众，岂人力也哉？余由大行礼官，观三代损益，乃知缘人情而制礼，依人性而作仪，其所由来尚矣。”大意是，使社会秩序和谐稳定的，不是人力大小，钱财多少，而是礼仪制度。我从礼官那里观看三代礼仪制度损益，才知道，礼仪制度，是依据世事人情而设立的，历史很悠久了。先秦荀子就有这样的观点：礼由人起，人生有欲，有纷争，所以有礼仪规范。“礼有三本：天地者，生之本也。先祖者，类之本也。君师者，治之本也。无天地恶生？无先祖恶出？无君师恶治？三者偏亡，则无安人。故礼上事天，下事地，尊先祖而隆君师，是礼之三本也。”荀子的意思是，礼有三种根本：天地，是万物人生之根本；祖先，是人类之根本；君主和师傅，是治理之根本。没有天地，万物生于何处，人生养于何处？没有祖先，我们从哪里来，到哪里去？没有君主和师傅，社会如何治理？三者缺一不可，否则就无法使社会和谐稳定。所以，礼仪，祭天和修订历法，祭土地和社稷，尊重祖先和君主、师傅，这就是礼仪最重要的根本。“礼禁未然之前，法施已然之后。法之所为用者易见，而礼之所为禁者难知。”礼仪的作用，在于人未犯法，就能防止人犯法；法律的作用，在于人已犯法，而后去惩罚人，法律的作用显而易见，而礼仪的作用则很难看出来。

汉武帝非常重视历礼，因为历法和礼仪，在国家政治和社会生活中，作用重大。

今上即位，招致儒术之士，令共定仪，十余年不就。或言古者太平，万民和喜，瑞应辨（遍）至，乃采风俗，定制作。上闻之，制诏御史曰：“盖受命而王，各有所由兴，殊路而同归，谓因民而作，追俗为制也。议者咸称太古，百姓何望？汉亦一家之事，典法不传，谓子孙何？化隆者闳博，治浅者褊狭，可不勉与！”乃以太初之元改正朔，易服色，封泰山，定宗庙百官之仪，以为典常，垂之于后云。

汉武帝即位之初，召集儒生制定朝仪，十多年没有制定出来。有复古思想者认为，上古、中古为黄金时代，今不如古，只有天下太平，万民和喜，祥瑞遍至，才可以制作礼乐历法。汉武帝驳斥这种言论："治理天下，殊途同归。根据人民习俗、世事人情为制度。如果羡慕上古，老百姓还有什么希望？汉亦一家之事，典法不传，跟子孙说什么？政治圣明者视野宏博，政治狭小者视野狭窄，我们要奋勉前行！"于是太初元年改正朔，易服色，封泰山，定宗庙百官之礼仪，作为日常法典，垂之于后世，这不仅使人们根据历法和农时安排生产生活，而且也使百姓日常生活有规范，社会井然有序。

汉初，人们观测天象，积累了许多天文知识，这是修改历法的必要条件。元封七年（前104年）十一月初一恰好是甲子日，又恰逢冬至节气，是一个难逢的机会。汉武帝根据太中大夫公孙卿、壶遂、太史令司马迁的建议，召集唐都、落下闳、邓平等人修改历法，制订新历法。新历法把元封七年改为太初元年，以正月为岁首，被称为《太初历》。太初元年十一月一日，汉武帝在明堂举行颁布新历法典礼，把朝廷历法颁布到各诸侯国，并赐予司马迁一份。在此之前，各诸侯国都有自己的纪年。汉武帝以朝廷历法和纪年颁发全国，从历法上加强了国家统一。

太初改订新历，使记时系统更符合自然天象的运行规律，更符合社会生产和生活规律，是一个伟大的进步。司马迁认为，黄帝、颛顼、夏、商、周、鲁六历都有误差，只有《太初历》最为准确。《史记·历书》比较详细地记述了改历的经过，后人又把太初四年（前101年）以后的十九个年号，都附录在后面，它们是：天汉、太始、征和、后元、始元、元凤、元平、本始、地节、元康、神雀（爵）、五凤、甘露、黄龙、初元、永光、建昭、竟宁、建始。《太初历》使用了188年，直到东汉章帝元和元年（84年）。历法和年号的使用，使汉朝在历史中具有承前启后的地位。

汉武帝同时规定，官员衣服颜色以黄为尚。秦始皇以为，在金、木、水、火、土五德运行中，秦得水德，水属北方，尚黑，秦朝衣服、旄旌、节旗都是黑色，朝堂上一片黑，令人感到压抑。太初元年（前104年）规定汉朝服色尚黄，郎官都穿绛色衣服，与秦时相比，朝堂上明亮了不少。

官制有增改损益。治粟内史，改为大司农，主管国家财政等，属官有太仓、均输、平准、都内、籍田五令。这是国家的财政部，左右内史改为左冯（píng）翊、京兆尹，主爵都尉改为右扶风，合称三辅，加强京师的行政司法管理。这是首都地区行政管理部门。郎中令掌宫殿掖庭门户，太初元年更名为光禄勋，中大夫改为光禄大夫。这是宫廷守卫部门。又设置常备军，太初元年，在建章宫，设置建章营骑，后更名为羽林。选取从军阵亡者的子孙，养在羽林，教给他们弢、殳、矛、戈、戟五种兵器。号称羽林孤儿。这是国家军队。元封五年，初置部刺史十三人，十三部刺史，相当于监察部门。十三刺史奉诏书用六条标准察问郡县，加强对地方行政官员的动态管理和监察。

太初元年，汉武帝还改革了乐府。太常（后称太常寺，属礼部）管理宗庙祭祀礼仪，属官有太乐令。少府，掌握山海池泽之税以供养皇帝，属官有乐府令。太常掌管宫庭礼仪，少府管皇帝私财。这两个部门，都有乐官。汉惠帝二年（前 193 年）始立乐府，以夏侯宽为乐府令，惠帝在位时间不长，没有制作礼乐。建元三年（前 138 年），汉武帝建上林苑。元狩二年（前 121 年），立乐府于上林苑，采诗夜诵，有赵、代、秦、楚等地的歌曲。宫廷内有掖庭才人，外有上林乐府，都有乐人演奏歌曲。太初二年（前 103 年），汉武帝确定郊祀典礼，想创作新的礼乐，不用旧乐，命司马相如等作词，让李延年作曲，配合音乐声律，作《郊祀歌》十九章。正月，在甘泉宫圜丘祭祀天地，让童男童女七十人合唱，通宵达旦，声震林木，百官侍祠者数百人，皆肃然动心。改历、协音，司马迁都参与其中。

汉武帝太初元年改历法、易服色、封禅泰山、定宗庙百官之礼，这就是创制度、创历史，传于后世子孙，表现了汉武帝创建汉家制度的英雄气魄。汉武帝时代的政治、经济、文化制度建设和开拓疆土的事业，使汉朝在中国历史序列中，与秦、隋、唐、宋、元、明、清一样，占有非常重要的地位。司马迁参与太初历法改革，论述礼仪的起源和作用，撰写历史，就是创造历史，创作史学，“成一家之言”表现了他创作史学的豪迈气势。《史记》开创了中国两千年历史记载绵延不绝的伟大传统。

六、中国第一部通史

中国传统史书的体裁有很多种，如编年体、纪传体、典章制度史、纪事本末体等等。《史记》有本纪、世家、表、书、列传五种体例，是纪传体史书。《史记》记载了自黄帝至武帝太初年间的历史，是中国第一部纪传体通史。司马迁开创了纪传体这种史书体裁。

司马迁著《史记》，“述黄帝以来至太初而讫”。这是第一部纪传体中国通史。

《史记》上限，起于黄帝，既有民间传说作参考，也有历史文献作根据。司马迁说：“余尝西至空桐（空桐，即崆峒山，今甘肃平凉西，相传黄帝问道于广成子处），北过涿鹿（河北涿鹿东南，山侧有涿鹿城，即黄帝尧舜之都），东渐于海，南浮江淮矣。至，长老皆各往往称黄帝、尧、舜之处，风教固殊焉，总之不离古文者近是。”其意即，我曾经到过全国很多地方，西到崆峒山，北过涿鹿，东到海滨，南方则渡过江淮，各地长老，都告诉我哪里是黄帝、尧、舜行事的地方，各地风俗不同，但是，都和古文记载的差不多。

司马迁把上限定于黄帝，还寄寓着史学家的深厚情怀。黄帝时代，“天下有不顺者，黄帝从而征之，平者去之，披山通道，未尝宁居，东至于海，登丸山，……时播百谷草木，淳化鸟兽虫蛾，旁罗日月星辰水波，劳勤心力耳目，节用水火材物。”这个时代象征着智慧、勤劳、统一、人与自然的和谐相处。以黄帝开篇，意味着中国历史是以和平、统一、人与自然和谐相处开始的；黄帝二十五子，得姓者十四人，说明中国历史是人的历史，以英雄人物的历史开始的。后来的匈奴、朝鲜、辽、金的开创者认为，本国祖先是黄帝子孙，这对于形成中华民族的民族认同感和凝聚力，有非常积极的意义。

《史记》下限是太初四年（前 101 年），这在《匈奴列传》中有反映，说明《史记》是自黄帝到汉武帝太初四年的中国通史。司马迁断限于太初四年，是因为太初元年，汉武帝在历法上实行了重大改革，颁布了《太初历》。司马迁是《太初历》的制订者之一，深知历法的重要。他认为黄帝、颛顼、夏、商、周、鲁六历都有误差，只有《太初历》最为准确。司马迁对太初年有一种偏好，或者说他为太初改历，感到非常自豪。司马迁在记录汉武帝建元至元封年间（前 140—前 105 年）时，往往说“建元五年”“元封五年”。可是在记录太初年间的一些事情时，往往说“是岁太初元年也”“是岁太初三年也”“是岁太初四年也”。

《史记》以太初四年为下限，说明司马迁认识到，历法与政治、社会生产与生活，有密切的关系。

太初年间是汉朝制度隆盛时期。司马迁认为，汉武帝时为汉代盛世，所谓“盛汉之隆，在于建元”。汉代最大的政治问题是诸侯王问题。在政治制度上，汉武帝时代，彻底解决了诸侯王列侯尾大不掉的问题。汉六年（前 201 年），汉高祖刘邦开始分封功臣和亲戚为侯为王，当时朝廷只有十五六郡，其余大部分江山，都为诸侯王所有。大者或五六郡，连城数十，如齐王肥拥有今山东七十余城，吴王濞（bì）占有今江苏南部和浙江三郡五十三城，楚王交称王于今山东西南和江苏北部三郡三十六县。仅齐、吴、楚就分天下江山之大半。“汉兴，功臣受封者百有余人。天下初定，故大城名都散亡，户口可得而数者十二三，是以大侯不过万家，小者五六百户。后数世，民咸归乡里，户益息，萧、曹、绛、灌（萧，指萧何；曹，指曹参；绛，指绛侯周勃；灌，指灌婴）之属或至四万，小侯自倍，富厚如之。子孙骄溢，忘其先，淫嬖（bì，宠幸）。至太初百年之间，见侯五。余皆坐法陨命亡国耗矣。罔亦少密焉。”汉初分封功臣为王、为列侯，占地广阔，经汉初休养生息，人口增加，财富增加，王侯子孙违法乱纪非常严重，经过汉文帝、景帝，到汉武帝太初年间，异姓王侯所剩无几。

同姓诸侯王更是富庶无比。汉文帝之子刘武，受到其母亲窦太后宠幸，赐给财物不可胜数，府库金钱将近万万，珠宝玉器比京师还多。居天下膏腴富地——梁，有四十余县，其疆域北至泰山，西至高阳（今河南杞县），他可以拥有天子旌旗，出入都有千乘万骑，车骑、仪服、制度都模仿天子。诸侯王可自置相以下的官吏，宫室制度如朝廷，地域广阔，民户众多。诸侯王可以直接征收国内赋税，又依山采铜、铸钱、冶铁。诸侯王们大者叛乱，小者不轨于法，殒身亡国。比如，吴国内有丹阳郡（今安徽南部、江苏浙江部分地区）铜山，又有东海煮盐之利。吴王刘濞在位三十余年，招致天下亡命之徒，偷偷铸钱，煮海水为盐，国内不征收赋税。吴国财政收入富足，积金钱，修兵革，聚积粮食和财物。吴国铸币流通遍布天下，甚至在全国各地，都有储备，不必储存于吴国。景帝三年（前154年）吴王招集国内十四岁至六十二岁男子二十余万，与胶西、楚等六国叛乱，他告诉七国的王说，只要能打到长安，金钱赏赐，不计数量，你们日夜用之，不竭。所幸被平定。

文帝采取贾谊“众建诸侯而少其力”的策略，允许“诸侯王得推恩分子弟国邑，故齐分为七，赵分为六，梁分为五，淮南分为三。”齐、赵、梁、吴王的儿子，个个都为王，但每个王的郡县数量大大地减少了。这样无形中削弱了诸侯国的力量。汉武帝时，采用主父偃的建议，封天子的支庶子为王，王子的支庶子为侯，共有百余人，这更加削弱了诸侯王的势力。

全国名山、江河、湖海、陂池，都归于朝廷。诸侯国实力大大地削弱，大国不过十余城，小侯不过数十里。他们的封地食邑数量都减少了，仅够他们向天子缴纳贡品，供养祭祀，保卫京师。朝廷拥有八九十个郡，与诸侯王国所在的郡县，形成犬牙相制的行政地理格局。朝廷拥有的八九十郡，都占有要塞，占据险要的地理形势，形成强本干，弱枝叶之格局，树立上下尊卑的秩序。

所以，汉高祖至武帝太初间，是诸侯王势力从兴起、发展、强盛到消亡的过程。朝廷从最初只拥有十六七郡，扩展到八九十郡。地方势力逐渐弱小，中央力量逐步强大。由于解决了诸侯王问题，司马迁说，"汉兴五世，隆在建元。外攘夷狄，内修法度，建封禅，改正朔，易服色。"建元是汉武帝的第一个年号，但司马迁并不单指建元年间，而是指以建元为代表的汉武帝时代（前140—前88年）五十多年间的整个历史时期。东汉史学家班固说："孝武之世，文章为盛"。这里，文章指礼乐制度，泛指制度。文章为盛，指汉武帝时代，有很多非常重要的礼乐文化政治等制度。班固又说，"汉之得人，于此为盛"。汉武帝时代出现很多优秀的人才，各有各的职位，各有各的作为和成就，他们与千百万人民一起，共同创造了汉代辉煌的历史。

《史记》下限在太初，但是司马迁后来也对《史记》有所补充，把征和二年、三年的史事，补充进《史记》

的相关篇目。

七、天汉二年(前99年)司马迁获死刑、减一等，受宫刑，发愤著史

天汉二年（前99年）发生的一件事，改变了司马迁的命运。

汉武帝有好几位皇后和夫人。第一位皇后是姑母馆陶公主即窦长公主之女陈皇后。汉武帝刘彻幼年时，被封为胶东王。相传有一天窦长公主（馆陶公主）把刘彻抱到膝上问他："你想娶媳妇吗？"窦长公主将身边的女官指给他看，没有一个看上的。窦长公主指着自己的女儿问他："阿娇怎么样？"刘彻回答说："好。如果能娶阿娇作媳妇，我会盖间金屋子把她藏起来。"馆陶公主于是帮助刘彻成为太子，刘彻则娶馆陶公主之女阿娇为妃。陈皇后多年无子，元光五年（前130年）被废。元朔二年（前127年），汉武帝又立其姐平阳公主家歌女卫子夫为皇后。卫皇后立三十八年，生三女一子，即卫太子、卫长公主、诸邑公主、阳石公主。后来，卫皇后色衰爱弛，霍去病、卫青都相继去世，

卫氏家族势力衰落，征和二年（前91年）春闰月，诸邑公主、阳石公主都在公孙贺父子案件中被诛杀。秋七月，卫皇后自杀。其子卫太子，随后自杀。

后来，汉武帝立乐人李氏为夫人。李延年，中山人，为协律都尉，他知音律，善歌舞，武帝十分喜爱，每次演唱新曲，闻者无不感动。延年陪皇帝翩翩起舞，歌唱道："北方有佳人，绝世而独立，一顾倾人城，再顾倾人国。宁不知倾城与倾国，佳人难再得！"汉武帝叹息："太好了！世间真有这个人吗？"平阳公主对汉武帝说，李延年的妹妹擅长舞蹈。汉武帝召见她，她确实妙丽善舞，立为夫人，从此汉武帝宠幸李夫人。李夫人生一男，名刘髆，天汉四年（前97年）六月乙丑，刘髆受封昌邑王，前往昌邑国（今山东省巨野县前昌邑村、后昌邑村）。

李夫人还有一位哥哥李广利。太初元年（前104年），汉武帝为了得到大宛[1]的汗血马，[2]也为使李夫

[1] 大宛（yuān）国，今中亚乌兹别克、吉尔吉斯、土库曼三国交界处的费尔干纳盆地，有七十余城。贰师城即今吉尔吉斯的奥什。出产葡萄，多善马。

[2] 汗血马：马流汗似血，因此得名，又名阿哈尔捷金马。

人的哥哥封侯，任命李广利为贰师将军，征发典属国六千骑兵及郡国恶少数万人，伐宛，取汗血马，可是没成功，于是命他们留在敦煌屯田。天汉二年（前99年）秋，贰师将军李广利率三万骑兵，出击匈奴右贤王于祁连天山，伐宛取汗血马。李广利取宛良马数十匹，中马以下牝牡（牝，pìn，指雌性；牡，指雄性）三千匹，可是损失却不小：出敦煌兵六万，自备干粮从行者不算，还有牛十万头、马三万匹以及数以万计的驴、骆驼运输粮食，兵弩设备精良。有五十个校尉配合贰师将军伐宛。又征发十八万甲卒，到酒泉、张掖以北，设置居延县（今内蒙古额济纳旗东南）、休屠县（今甘肃武威北），来保卫酒泉。又征发七种罪人，负责运输粮食供给贰师将军。运输车、士卒连绵不绝，直到敦煌。大军返回时，“入玉门者万余人，马千余匹”，士卒死亡者多。可是汉武帝仍封李广利为海西侯（今江苏灌南县），食邑八千户，从军者为侯者一人，为光禄大夫、少府九卿者三人，诸侯相、郡守二千石者百余人，千石以下者千余人。

在五十个校尉中，就有著名的飞将军李广的长孙骑都尉李陵。李陵带领五千人出居延北约千余里，分散匈奴兵力，来减轻贰师将军的压力。李陵完成任务返回时，单于率兵八万，突然包围李陵军，李陵军兵器弓箭用光，士卒死者超过半数，所杀伤匈奴兵亦万余人，且战且退，连斗八日，离居延还有百余里，匈奴又于狭路拦截。李陵军士缺粮，救兵不到，士兵死伤众多。匈奴急攻，欲招降李陵。李陵说，我无颜报答陛下，遂降匈奴。余下逃散归汉者四百多人。匈奴单于生擒李陵，素闻李家名声，就把女儿嫁给李陵。

李陵刚投降时，消息传到长安，汉武帝食不甘味，卧不安席，听朝臣奏事并且要做决定时，心神不宁。大臣忧惧，不知怎么办。司马迁作为一个六百石太史令，不自量力，宽慰皇上说，李陵平日与士兵同甘共苦，能使人为他效力。现在虽然身陷匈奴，看他的意思，是想找合适机会报答汉朝。光以他杀伤匈奴万余人看，也是无愧于天下。汉武帝一听，这是为李陵游说，诋毁贰师将军。诋毁贰师就是诋毁皇帝，于是就把司马迁交给廷尉治罪。

这时死刑条款及案例很多，人们动辄得罪，至死都不明白什么原因。汉武帝元朔至元封年间（前128—前105年），法律条文繁多，死罪条款有四百多条，死刑案例汇编达一万三千四百七十二事，文书堆满了架阁，主管者看不过来，法官可以比附案例判罪。汉朝规定，死罪可以交纳金钱或粟、马等赎罪。将军张骞、李广、公孙敖、赵食其都因作战不力当死，赎为庶人。天汉二年（前99年），江充为绣衣直指（官名），弹劾贵戚近臣奢靡违制，奏请没收他们超标的车马，让他们待在北军，抗击匈奴。贵戚子弟惶恐，都给汉武帝叩头哀哭，表示愿意入钱赎罪。汉武帝同意，于是贵戚子弟按照禄秩，把钱交给北军，这样北军积累了数千万钱。后来还规定，死罪犯人交赎罪钱五十万，可减死罪一等。汉武帝姊妹隆虑公主的儿子昭平君，婚配汉武帝女儿夷安公主。隆虑公主病困时，以金千斤（金一斤值万钱）、钱千万，合计二千万钱，为其子昭平君预赎死罪。汉武帝同意了。隆虑公主死后，昭平君越来越骄纵，喝醉酒，把隆虑公主的保姆杀了。汉武帝痛哭流涕，他姐妹年老时才有这个儿子。他不仅预收隆虑公主预交的赎罪金钱，而且面临着自己女儿夷安公主守寡的难题。可是，如果杀人者能赎罪，那么死者何罪？家属又该怎么面对亲人无辜被杀？最终，廷尉按律条，法办昭平君，汉武帝也只好接受。

这件事说明，死刑可以赎罪。

死刑可以赎罪，司马迁有财物赎罪吗？太史令每年俸禄六百石，按照汉代一般粮价，每石米三十钱计，每年俸禄，折钱不足二万钱，约可折合二金，刚刚够中等人家年收入十金的五分之一。就算不吃不喝，要攒够五十万钱，需要二十五年。皇帝身边的人，他的同事，有人为他说句公道话吗？没有，也没人敢。司马迁祖先不是功臣，主管文史星历，近于太卜、太祝之间，都是太常下的小吏，微不足道。司马迁后来说："家贫，财赂不足以自赎，交游莫救，左右亲近不为一言。身非木石，独与法吏为伍，深陷囹圄之中。"这时，李陵投降匈奴，娶单于女儿。消息传来，汉武帝更加生气。李陵投降等于打了司马迁的脸，司马迁必死无疑。

司马迁怕死吗？人情莫不贪生怕死，顾念父母妻子儿女。司马迁早失父母，无兄弟之亲，只有老妻和女儿。他说，人固有一死，或重于泰山，或轻于鸿毛。可是，司马迁能死吗？父亲的遗命没有完成，《史记》没有完成，他不能死，"草创未就，会遭此祸，惜其不成，是以就极刑而无愠色。仆诚已著此书，藏之名山，传之其人、通邑大都，则仆偿前辱之责，虽万被戮，岂有悔哉？”司马迁之身躯乃《史记》之身躯，非司马迁自己所有，他惋惜《史记》未成，请求减死罪一等，就腐刑（宫刑），保存生命，继续完成父亲的遗命。大概汉武帝惋惜其才，而不忍诛杀。[1]所以，司马迁下蚕室（温室），受宫刑。汉文帝时已经废除宫刑，汉武帝时又恢复了，说明这时法律的严酷程度。

古人说，身体发肤，受之父母。《礼记》说，刑不上大夫，对士大夫不要用刑法，要用礼法。人生在世，首先不要使祖先受辱，其次不使身体受辱，再次不使面子受辱，最后不辱辞令。在身体受辱的各种刑罚中，弯腰下跪受辱最轻，然后是穿上囚徒的赭色衣服受辱，然后是披枷带锁受辱，然后是被鞭打受辱，然后是髡刑（剃掉头发），然后是受肉刑受辱，最严重的是受腐刑。如此奇耻大辱，为什么还要苟且偷生？

古来生前富贵而死后名声不传者，不可胜数。只有卓异洒脱非常之人，才能被后世称道。文王被拘禁在羑里，把相传伏羲画的八卦，推演成六十四卦，就

[1] 以汉武帝思路来看，天汉二年（前99年）汉武帝已经让贵戚子弟纳钱入北军。当时国家正因内外多事缺钱，他是否有意让司马迁纳钱赎罪，而司马迁又因家贫无钱可赎罪，所以只能被判宫刑，不得而知。

是《周易》；孔子周游列国，在陈蔡两国受困，返鲁后创作《春秋》；楚国大夫屈原被流放后，才作成《离骚》；军事家孙膑，被庞涓陷害砍掉脚，才著书论述《兵法》;《诗》三百篇，大都是圣贤发愤所创作的。[1] 这些人大都思想郁结，不能实现理想壮志，于是总结以往历史，给将来人启发借鉴。这样来抒发思想的郁结，让著作留传后世。

抱着这样的思想，当天汉二年（前 99 年）遭遇李陵之祸受宫刑，司马迁就忍辱负重地活着。太始元年（前 96 年）出狱后，他被任命为中书令，类似于秘书。中书令职卑而权重，被士大夫视为尊崇之职。因为在皇帝身边，任此职者都是宦官。司马迁受宫刑，与宦者无异。司马迁身体受创，又为中书令，心灵遭受极大创伤。

他认为，贪财好利是最大的灾祸，心灵受到创伤是最大的悲痛，侮辱祖先是最丑恶的行为，遭受宫刑是最大的耻辱。受过宫刑的人，不可能和常人一样，谁看得起受过宫刑的人？古来就是如此。过去，卫灵

[1] 司马迁还提到“左丘失明，厥有国语；不韦迁蜀，世传《吕览》；韩非囚秦，《说难》《孤愤》”，与历史事实不符，故本文不取。

公与宦者雍渠同车，让孔子坐后车，孔子以为耻，就离开卫国到陈国（今河南睢阳）去了。商鞅到秦国，通过宦者景监的引见，才见到秦孝公。后来赵良劝商鞅中游引退，认为商鞅因景监见秦孝公，是不光彩之事。汉文帝外出乘车，宦者赵谈陪乘，袁盎看见，在车前劝说汉文帝："臣闻天子所与共六尺舆者，皆天下豪英。今汉虽乏人，陛下独奈何与刀锯人载？"汉文帝笑着让赵谈下车，赵谈哭着下车。

司马迁亲闻此事，写于《袁盎传》中。现在想来，与刑余者为伍，自古以为耻辱。每念及此，司马迁都备受打击，精神为之气馁，肠一日而九转，平时若有所失，出门不知所往，每念及这种耻辱，未尝不汗流浃背，"所以隐忍苟活，幽于粪土之中而不辞者，恨私心有所不尽，鄙陋没世而文采不表于后世也"，苟活于尘世，恨不能报答父亲的殷切期望，也怕自己死后，不能完成《史记》。司马迁忍辱负重，继续撰写《史记》。征和二年司马迁在《报任安书》中，表达了上述思想。

八、征和三年（前 90 年）司马迁之死

征和二年（前 91 年），朝中发生巫蛊之祸。巫蛊之祸是汉武帝征和二年发生的一系列宫廷政治事件。巫蛊是一种巫术，当时人认为，使巫师祠祭，或以桐木偶人埋于地下，诅咒对方，被诅咒者就会有灾难。汉武帝后期，朝廷和宫廷贵族中，发生一系列的巫蛊之事。

首先是丞相公孙贺案。公孙贺，北地义渠人，是景帝时平曲侯公孙浑邪之太子。景帝七年（前 150 年）四月，立胶东王刘彻为太子。公孙贺，因多次从军有功，而且为平曲侯太子，被选为皇家太子舍人。舍人就是太子的家人，为太子家服务。汉景帝死于后元三年（前 141 年）春正月甲子，太子刘彻即位，是为汉武帝。汉武帝提拔太子舍人公孙贺为九卿之一太仆，掌管天子车马，秩禄中二千石。陈皇后被废后，汉武帝独宠幸卫皇后，提拔卫皇后弟卫青、外甥霍去病（卫少儿与霍中孺所生）。公孙贺夫人是卫君孺，卫君孺是卫皇后亲姐，很有尊宠，生子公孙敬声。太初二年

（前 103 年）汉武帝用公孙贺为丞相，用其子公孙敬声为太仆，父子并为公卿，位尊权重。

因为公孙敬声的母亲，是卫皇后的亲姐卫君孺，所以，公孙敬声，与卫皇后的两个女儿阳石公主、诸邑公主，关系亲近。又因为他为丞相之子，太仆，地位显赫。征和元年（前 92 年），他擅自动用北军钱一千九百万。征和二年（前 91 年），此事被发觉，公孙敬声被捕下狱。为救子出狱，公孙贺设法抓捕京师大侠阳陵人朱安世，来换取儿子出狱。朱安世心有不甘，狱中上书，揭发公孙敬声与汉武帝的女儿阳石公主通奸，又作巫蛊，诅咒汉武帝。征和二年春正月，公孙贺、公孙敬声父子，都被诛死。闰月，诸邑公主、阳石公主、卫青之子长平侯卫伉，都被诛杀。武帝派宠臣江充调查巫蛊案。江充用酷刑，栽赃，迫使人认罪，大臣、百姓惊恐，胡乱指认他人犯罪，因此，数万人受牵连而死。

其次，江充陷害卫太子巫蛊事件。汉武帝和卫皇后，共生有一子三女，即卫太子（又称戾太子）据、卫长公主、诸邑公主、阳石公主。元朔元年（前 128 年）卫夫人生子据，这一年汉武帝二十九岁，卫子夫被立为皇后。元狩元年（前 122 年），刘据，被立为太子，学习公羊派《春秋》和谷穀派《春秋》。成人后，汉武帝给他开设博望苑，让他跟宾客交往。元鼎四年（前 113 年）卫太子娶史良娣，生下一子，名进，号史皇孙。卫太子共有三男一女。

卫皇后受宠，不仅因为其年轻、貌美，能歌善舞，处事小心谨慎，而且还因为汉武帝提拔的其弟卫青、外甥霍去病，在打击匈奴的战争中，立下功劳，先后被封为大将军、骠骑将军。元狩六年（前 117 年）骠骑将军霍去病去世，元封五年（前 106 年）大司马大将军卫青去世。征和二年（前 91 年）春，卫皇后之妹夫丞相公孙贺，外甥太仆公孙敬声，因犯罪，被诛杀。闰月，卫皇后的弟弟卫青之子长平侯卫伉，卫皇后两女诸邑公主、阳石公主，同时被诛杀。卫皇后又因年老色衰，很少见到皇帝。卫氏家族势力，大受打击。

征和二年夏（前 91 年），汉武帝到甘泉宫避暑。甘泉宫在陕西淳化县西北 25 公里甘泉山上，山上有甘泉。[1] 甘泉宫是汉武帝避暑胜地，同时也在甘泉宫

[1]　甘泉宫，距离西安未央宫遗址公园约 83 公里。

举行许多重大政治活动。

江充，赵国邯郸人。汉景帝的儿子赵王彭祖，有太子，名丹，即赵太子丹。江充与赵太子丹有矛盾。太始三年（前94年）江充逃到长安，因告密赵太子丹，受到汉武帝的信任，用江充当直指绣衣使者，监察京师地区治安，监督贵族违制奢靡，又为水衡都尉，为天子掌握山海之财产。

江充和长安城的贵族，比如，馆陶公主（窦太主）、卫太子据等，都有矛盾。他担心，如果汉武帝驾崩，太子登基，会诛杀自己。于是，江充抓住汉武帝有病怕死的心态，用巫蛊事，打击卫皇后和卫太子。《汉书·江充传》载："上（汉武帝）幸甘泉，疾病，充见上老，恐晏驾后为太子所诛，因是为奸，奏言上疾祟在巫蛊，于是上以（江）充为使者，治巫蛊"。江充派胡巫，在卫太子宫中，掘地求木偶人。胡巫先制作桐木偶人，埋到某处，作上记号。江充带人来挖掘，挖掘到桐木偶人，就抓人。同时，拘捕夜间祠祝和视鬼之人，污蔑其人进行巫蛊之事，然后逮捕审讯，烧铁钳灼，强迫他们服罪。居民转相诬告，官吏就弹劾这些人大逆不道，犯法而死者前后数万人。

这年夏天，汉武帝在甘泉宫避暑，卫皇后和卫太子都在长安城里。“上春秋高，疑左右皆为蛊祝诅，有与亡，莫敢讼其怨者。(江)充既知上意，因言宫中有蛊气，先治后宫希幸夫人，以次及皇后，遂掘蛊于太子宫，得桐木人。”江充趁机陷害太子，先搜查未央宫后宫中失宠的夫人们的宫殿，然后再搜查卫皇后的椒房殿(在未央宫)，最终搜查挖掘卫太子东宫，从太子宫中发掘出桐木人，案道侯韩说、宦官苏文、御史章赣等，都受汉武帝指派，帮助江充。太子恐惧。

征和二年七月壬午，太子派人诛杀江充，烧杀胡巫，并攻进丞相府。丞相刘屈氂仓皇逃走，丢掉印绶。丞相府长史，向汉武帝报告。武帝下诏命刘屈氂平叛。太子所征集的兵卒，与丞相所率之兵，在长乐宫西阙大战五日，死者多达数万人，血流入沟中。太子兵败，从长安城东南门出逃。卫皇后自杀。卫太子刘据，从覆盎门出逃，逃到湖县泉鸠里(今河南灵宝阳平)，后来被包围，太子自杀，随太子的皇孙二人遇害。

《汉书·车千秋传》说：“上连年治太子狱，诛罚尤多，群下恐惧。”壶关三老茂、高帝卫寝之郎田千秋等人上书，为太子鸣冤。武帝清醒后，杀江充三族，烧死苏文，又修建“思子宫”，在湖县太子被害处建“归来望思之台”。此事件牵连者达数十万人，史称巫蛊之祸。

巫蛊之祸中，汉武帝在甘泉宫，司马迁在汉武帝身边。七月份，太子发兵与丞相刘屈氂（máo）大战长安城中，任安先受太子节旗，可按兵观望。汉武帝震怒，说，任安首鼠两端，有贰心，怀诈，有不忠之心，把任安交给廷尉审判。征和二年十一月（前91年），任安被杀前，写信给司马迁，请他帮自己求情。

司马迁从甘泉宫回来，回复任安。可能，任安抱怨司马迁在皇帝身边，有条件为任安向汉武帝求情，却置之不理。这激起司马迁无限的悲痛和愤慨。八年来郁积心底的无限痛苦与悲愤，像决口的洪水，奔涌而出。他于是作《报任安书》，表达他受宫刑以来，苟且偷生，忍辱负重，就是要继续完成父亲遗命。当他深陷困境，周围同事、朋友，没有任何人为他求情宽慰，也表达了他对世态炎凉、人情冷暖的愤慨，这封信，是要交给身处牢狱的任安手中，中间必定经过狱吏之手，这封信是否能到达任安之手？大受怀疑。任安，可能根本就没看到这封信，而是到了汉武帝手中。

第三，征和三年六月，发生丞相刘屈氂巫蛊案。

征和二年春（前91年）丞相公孙贺已被处死。汉武帝下诏，用中山靖王刘胜之子涿郡太守刘屈氂为左丞相，封为澎侯（东海县）。同时虚位以待右丞相。

左丞相刘屈氂，与贰师将军李广利，为儿女亲家。李广利之女，是丞相刘屈氂家的儿媳妇。

征和三年（前90年）春正月，匈奴入五原郡（今内蒙古包头以西，达拉特旗以北）、酒泉郡，杀两都尉。三月，汉武帝派贰师将军李广利，带领七万人出五原郡，出兵进击匈奴。丞相刘屈氂，在长安城北的渭桥，设祖道礼仪，[1]给李广利送行。李广利有大事嘱托丞相。

原来，中山（中山国，卢奴，即今河北定县）有一李姓人家，夫妻二人育有李延年、李广利、李夫人，还有几位女儿。夫妻及二子一女，都是汉朝乐府的歌伎。《汉书·佞幸传》载，李延年通晓音律，善歌舞，“为新变声”，即创新音乐，汉武帝很喜欢他。他“每为新

[1] 祖道，古代设宴饮送行的礼仪。祖者，送行之祭，设宴饮，为出行者祭祀路神。

声变曲，闻者莫不感动。延年侍上起舞，歌曰：‘北方有佳人，绝世而独立，一顾倾人城，再顾倾人国。宁不知倾城与倾国，佳人难再得！’上叹息曰：‘善！世岂有此人乎？’平阳主因言延年有女弟，上乃召见之，实妙丽善舞。由是得幸，生一男，是为昌邑哀王。”李延年、李广利的妹妹，因为妙丽善舞，受到汉武帝的宠幸，被立为夫人，称李夫人。李夫人生有一子，名刘髆，天汉四年（前97年）四月封为昌邑王。昌邑王国，在今山东菏泽巨野县。昌邑王刘髆，是李广利的外甥。

当时，卫太子已死，汉武帝未有太子。在这次送行宴席上，李广利对刘屈氂说：“希望丞相早日立昌邑王刘髆为太子，如此，丞相还有何忧虑？”刘屈氂点头答应。

此时，朝廷还在非常严厉地追查巫蛊案件的罪人。丞相刘屈氂亲自发掘兰台巫蛊。兰台，位于御史大夫府中，掌图籍秘书。

汉武帝晚年，丞相大臣常常受责备。内者令郭穰向朝廷告发丞相，说，丞相夫人常常让巫人祠社，祝诅汉武帝，又与李广利共同祷祠，想立昌邑王为帝。

有关部门派人查办案件。果然如此，此实为大逆不道之罪。六月，汉武帝诏令，载刘屈氂于厨车，腰斩长安东市，妻子枭首华阳街。同时逮捕贰师将军李广利的妻子。贰师将军李广利，身在前线，听闻事变，于是投降匈奴。汉武帝又诛李广利全族。

巫蛊之祸是汉武帝晚年宫廷政治斗争中发生的一系列事件。江充利用了汉武帝晚年多病多疑，“春秋高，意多所恶，以为左右皆为蛊道祝诅，穷治其事”，打击卫太子。后来汉武帝有悔悟，《汉书·车千秋传》载，汉武帝说：“自左丞相与贰师阴谋逆乱，巫蛊之祸流及士大夫。……曩者，江充先治甘泉宫人，转至未央椒房，以及敬声之畴，李禹之属谋入匈奴，有司无所发。今丞相亲掘兰台蛊验，所明知也。至今，余巫颇脱不止，阴贼侵身，远近为蛊，朕甚愧之。”汉武帝已经知道，所谓巫蛊，根本是子虚乌有，有司去挖掘，无所得。丞相亲自到未央宫兰台挖掘，也无所得。

征和三年（前90年），司马迁把巫蛊之祸中，受牵连而死去的一些人事，补充进《史记》。

《高祖功臣侯者年表》阳河侯栏：“征和三年十月，仁与母坐祝诅，大逆无道，国除”。

《惠景间侯者年表》亚谷侯栏："征和二年七月辛巳，侯贺坐太子事，国除"。

《建元以来侯者年表》龙頟侯栏记："征和二年子长代，有罪，绝。子曾复封为龙頟侯。"

《汉兴以来将相名臣年表》记载：征和二年"七月壬午，太子发兵，杀游击将军（韩）说、使者江充。"征和三年，"春，贰师将军李广利出朔方，以兵降胡。"

《曹相国世家》记平阳侯曹襄和卫长公主子曹宗，"征和二年，宗坐太子死，国除"。

《田叔列传》记载征和二年司直（丞相下属官员，负责监察）田仁，负责闭守城门，田仁却放太子出城门。田仁因此被投入监狱。长陵令车千秋告发田仁，田仁被灭族。

《匈奴列传》："贰师（将军）闻其家以巫蛊族灭，因并众降匈奴。"天汉二年（前 99 年）司马迁为李陵辩护，汉武帝认为这是咒贰师将军李广利。司马迁下蚕室，受宫刑处罚。征和三年（前 90 年）贰师将军因汉武帝逮捕其妻子，投降匈奴。所以，《匈奴列传》末尾所记，是《史记》记录的最后一件历史事实，也是交待这件事的下落。

《卫将军骠骑列传》记载，丞相公孙贺，因儿子公孙敬声与阳石公主私通，作巫蛊之事，被族灭，无后；将军公孙敖，因妻为巫蛊，被族灭；按道侯韩说为光禄勋，掘蛊太子宫，太子杀之；将军赵破奴，元封二年击楼兰王，太初二年率二万骑攻打匈奴左贤王，后因巫蛊被族灭；自卫氏兴起，大将军卫青首封，其后枝属为五侯，凡二十四岁而五侯尽夺，卫氏无为侯者”。

以上记录都太简略，还有事实错误，如曹宗后来确定的罪名是与中人（即宦官）勾结，擅入宫掖门，交钱后改为城旦（秦汉时一种刑罚名）。司马迁的记录匆匆忙忙，或者，他没有等到曹宗的最后下落，就匆匆绝笔于此。

这些记载表明，征和三年（前 90 年）司马迁还在世。此后，司马迁没有任何消息。由此推测，司马迁最大可能死于征和三年（前 90 年）。

征和四年（前 89 年）二月丁酉，陨石于雍二，声闻四百里。秋八月辛酉，晦，日有蚀之。后元元年（前 88 年）秋七月，地震，往往涌泉出。以上这些事实，司马迁都没有记载。

后元二年（前 85 年）汉武帝派人把长安诸官府的

囚犯，无论轻重，皆杀之。巫蛊之祸牵连致死的人，成千上万。司马光《资治通鉴》卷二十二说，“民间转相诬以巫蛊，吏辄劾以为大逆无道；自京师、三辅，连及郡国，坐而死者前后数万人。”

司马迁是受任安案牵连，因《报任安书》中有怨恨言辞而第二次下狱被杀？还是因为汉武帝“诛罚尤多”而被杀？或者他觉得《史记》已经完成，可以“偿前辱之责”而死无遗憾，于是便愤而自杀了呢？不得而知。

褚少孙，宣帝时为博士（官名），元帝、成帝年间做官，续写《史记》，没有提及司马迁后来下落。班彪距司马迁之死，不过几十年，《汉书·司马迁传》只字不提司马迁卒年。因此，司马迁之死，遂成为千古谜题。后人做了很多考证，其中死于征和四年之说，比较可靠。

中篇　司马迁开创纪传体通史，成一家之言

司马迁说，他著书，要藏之名山，副在京师。正本可能藏于华阴其外孙杨恽家，副本可能藏于京师，司马迁著书成，以之示东方朔，东方朔皆署曰《太史公》；另外也有可能是司马迁自尊其父著述，称为《太史公》；也有人说，是其外孙杨恽尊其外祖父著述，称《太史公书》。东汉末，形成《史记》名称。刘向、杨雄，博极群书，都称赞司马迁有良史之才，服其善序事理，辩而不华，质而不野，其文直，其事核，不虚美，不隐恶，故谓之实录。《史记》《汉书》《三国志》《后汉书》并称前四史，《史记》与《资治通鉴》并称为“史学双璧”。清朝乾隆皇帝时，立《史记》为正史之首。白寿彝先生称，《通典》《通志》《文献通考》

《资治通鉴》《史通》《文史通议》，可称为六通。四史六通，是中国历史著作中的代表作。《史记》知识包罗万象，在公元前 2 世纪的世界历史舞台上，只有古希腊希罗多德的《历史》，可与《史记》媲美。公元 1 至 2 世纪，古希腊普鲁塔克（约公元 46—120 年）《希腊罗马名人传》有 50 篇名人传记。普鲁塔克曾被誉为世界“传记之王”，他比司马迁差不多晚生 200 年，比班固晚生 14 年。司马迁才可以称为“传记之王”。

一、司马迁开创纪传体通史

司马迁创造了《史记》的纪传体体例，用来表述丰富生动的历史内容，包括五种体例，即本纪、表、书、世家、列传。其实，作为全书的组成部分，表、书、世家都有纪传不能代替的价值。《史记》的五种体例都源自先秦，司马迁创造发展，使其特点更鲜明，作用更突出。

本纪是一种重要的史书体例，以时间为中心，按年、月、日顺序，记述历史事件，同时兼述帝王本人的事迹。这种体例以时间为经，以事件为纬，比较容易反映同一时期各个历史事件的联系，但不易集中反映同一历史事件前后的联系。表，用表格来表述错综复杂的社会情况，和无法一一写入列传的众多人物。书，记述典章制度和自然、社会各方面的历史；后来这种体例发展成为志。世家，主要记载诸侯国和贵族的历史，因为诸侯国和贵族都能使其国、家世代相传。列传，是各方面代表人物的传记，因为以记述历史人物为中心，可以更多地反映各类人物在历史上的活动，但难以清晰地反映历史发展的时间顺序、各事件和人物之间的关系。

《史记》共5个部分，包括：

第一部分，本纪。有12篇本纪，其中五帝1篇，夏商周各1篇，秦及秦始皇各1篇，项羽1篇，汉5篇。这是考察上自黄帝，下至汉武帝等天子皇帝的兴衰事迹，“原始察终，见盛观衰”，阐述历代兴衰的大趋势。

第二部分，表，10篇，有世表、年表、月表，把头绪繁杂的历史事件，用表格的形式记录下来，使之一目了然，以补充本纪和世家对历史事件时间和地点记录的不足。

第三部分，书，8篇，有礼、乐、律、历、天官、河渠、封禅、平准，涉及礼、乐、历法、天文、地理、祭祀天地和山川、经济财政等社会生活制度文化、人与自然的关系等诸多方面，意在说明制度损益、改易之迹，以及变化之状况。

第四部分，世家，30 篇，其中周天子所封同姓诸侯吴、鲁、燕、管、蔡（管蔡合为一篇）、卫、晋、郑和异姓诸侯姜齐 8 篇，又有周武王封舜之后代于陈，封禹之后代于杞 1 篇（陈杞为一篇），周公旦封商纣王的庶兄于宋 1 篇，又有黄帝之孙高阳之后代楚、夏禹后代少康之庶子越 2 篇，合计 12 篇；韩、赵、魏、田齐、孔子、陈涉各 1 篇；汉代刘姓诸侯王和异姓列侯如萧何、张良、陈平、周勃等社稷重臣 12 篇。说明王朝和皇朝的辅佐股肱之臣，忠信行道，为天子和皇帝服务的历史，着重描写朝廷和地方关系及其变化，一国或列侯家族的世代相传、演变。

第五部分，列传，70 篇，其中，传说人物 1 篇，春秋、战国和秦时人物共 27 篇。汉代人物及历史 38 篇，并记前代与汉代人物历史者 4 篇。这是为古往今来不落后于时代、立功名于天下的各种历史人物立传，写出各阶层、各行业代表人物的心态、面貌以及他们和政权盛衰的关系。

以上五种体例，是在整合了以往文献的形式和内容，在先秦和汉初文献积累基础上，进行再创造，并且五种体例互相配合，综合为一书；是从总结客观历史进程和研究社会现实情况出发，成一家言，以史学的形式，形成司马迁自己的思想体系，揭示历史演进过程中的丰富性、复杂性和生动性，表达对历史前途的看法，在时间、空间和人事活动上，开阔了人们认识历史的视野。《史记》开创的史学形式，取得的高度成就，前无古人，后有来者，奠定了中国史学发展的基础。

二、究天人之际

司马迁撰写《史记》有其宗旨，即指导思想，他在《报任安书》中说："亦欲以究天人之际，通古今之变，成一家之言"。其中，究天人之际，通古今之变，集中反映了司马迁的历史思想。

决定历史发展的主要因素，是天命还是人事？这是史学家、哲学家曾经长期争论的问题。用神意或天命解释历史，这是各国早期历史上都有过的一种共同现象。殷周早期，宣扬“受命于天”，如殷纣王曾宣称“我生不有命在天乎！”但是到春秋战国时，出现了重人事、人力的思想。郑国子产说“天道远，人道迩”，在天命和人事中，实际更重视人事。究天人之际，是探究天与人类社会治乱兴衰之间的关系。这是在讨论一个问题：在历史发展中，历史发展的动力，对社会生活起支配作用的因素，是天命还是人力、人事？今天没有人会觉得这是个问题。可在两千年前，关于历史发展的动力，有天命史观，也有英雄史观，这不只是一个历史学的问题，而且是一个政治问题。

汉五年（前202年）汉高祖在洛阳南宫大摆庆功宴，对诸将说，我有张良、韩信、萧何，这三人皆人杰，我能用之，所以我能得天下。可是他为巩固自己的统治，打消其他人效法他取秦而代之的想法，极力神话自己，说“吾以布衣提三尺剑取天下，此非天命乎？”汉皇朝建立以后，出现了很多说法，说刘邦左腿有七十二子（黑痣）；饮酒醉卧处，上空常有神怪；每次喝酒赊账时，酒家生意异常好；老父对吕后说她们母子三人都是天下贵人；老妇人说赤帝子（刘邦）斩白帝子（秦朝的统治）；秦始皇说东南有天子气；吕后每次去找他时，常能发现其所居处上空有云气；等等。散布这些说法，意在神话汉高祖，麻痹人们的思想，让人们相信刘邦得天下是天意、天命，非人力所能为。汉武帝为了神话汉家皇权，有意提倡天人感应之观点。当时大儒董仲舒根据汉武帝的旨意，推衍说，从春秋历史看，国家若将有失道之败，上天就先发出谴责告诫他，帝王不知道反省，天又出怪异现象来警告他，如果还不知变，灾祸乃至。汉武帝和董仲舒的主要观点是，天是支配帝王和人间的神，决定着国家盛衰、人间祸福。

司马迁作为太史令，身兼天文、历法和写史三种身份。其职责之一是观察天象，揣测天意，为朝廷服务。他对天象有精深的研究，为天文学的发展做出了贡献。他指出，月食的发生，存在着周期性的规律。由于科学水平和认识能力的限制，他不能摆脱占星术的影响，他相信天上和人间确实有对应关系，如天有日月，地有阴阳；天有五星，地有五行；天有星宿，地有州域。天上星座的构成和分布，被比附成类似人间帝王、后妃、文臣、武将的关系。这也是当时普遍的看法。

司马迁承认，天人相应存在一种法则："夫天运，三十岁一小变，百年中变，五百载大变，……为国者必贵三五。上下各千岁，然后天人之际续备。”即天道运行，三十年有小变化，百年为中变，五百年为大变化。治国者，要重视三十年和五百年的变化。上下各千年，社会才能治理好。“岁星所在，五谷逢昌”“必察太岁所在。在金，穰；水，毁；木，饥；火，旱。此其大经也。”岁星即木星，岁星十二年绕行一周天，回到原来的位置。古人常用五行木、火、金、水，和东、南、西、北相配，岁星指向西方，预兆丰收；指向北方，预兆水灾；指向东方，预兆饥荒；指向南方，预兆旱灾。“六岁穰，六岁旱，十二岁大饥”。岁星轨道十二年一周天，其中六年丰收，六年旱灾。这是古人在千百年来生产实践中总结的朴素经验，却被打上了唯心主义的印记。

司马迁对天道，表示保留和怀疑。《伯夷列传》说，有人说上天没有偏心眼，好人有好报。孔子有弟子七十余人，他唯独称赞颜回好学。可颜回贫困，连糟糠（zāo kāng）都吃不饱，早卒。上天就是这样报答好人吗？盗跖（盗跖，传说中春秋时期农民起义领袖，跖zhí）每天都滥杀无辜（gū），凶残暴戾（lì），聚众数千，横行天下，竟然寿终，他又有什么德行？这都是最显著的例子。像春秋时，齐桓公、晋文公，操行不轨，专门犯忌讳，却终身安乐，财富丰厚，几代不绝。有些人不为昏君做事，不饮盗泉（名字为“盗”的泉）水，看准时机才说话，不因公事不去官府，却遭遇灾祸的，不可胜数。如果说有天道，那天道对吗？还是错了？所以，所谓“善有善报，恶有恶报”，根本不是那么回事。

司马迁从总体上强调人力、人事起根本作用，指出：“国君强大，有德者昌；弱小，饰诈者亡。太上修德，其次修政，其次修救，其次修禳，正下无之。”他强调国君的行为和政治清明，把治国方针（德）和办法（政）放在最重要地位，认为向上天祈祷，不是好办法。这表明他更重视人的作用。

尤其重要的是，司马迁一到记述重大历史事件，就从事实出发，总结成败兴亡的经验，并特别重视人心向背在历史上的作用。这是司马迁论天人关系最为本质的东西。

对于秦汉兴亡、楚汉成败，这些汉朝人极感兴趣的大问题，司马迁强调人力、人谋的作用，他为陈胜立世家，置于孔子和汉代王侯将相之间，以表示陈胜在亡秦中的作用，这是把陈胜当作开辟历史新时代的人物来看待的，完全从人事的角度论述。

楚汉成败的原因，汉五年，刘邦置酒洛阳南宫时，作为问题向诸将提出来。高起、王陵归结为刘邦不吝封赏，刘邦则归功于任用三杰。司马迁立《项羽本纪》和《高祖本纪》，吸收两种意见，而着眼点在对待群众的态度上，对照着写出了双方的不同来。于刘邦，写他破武关后，约束大家所过不得掳掠，秦人很高兴，秦军松懈，因此大败秦军。写他与关中父老约法三章，“秦人大喜，争持牛羊酒食献飨军士”，他“又让不受，曰，仓粟多，非乏，不欲费人”。秦人更喜欢了，唯恐刘邦不为王。司马迁同意韩信拜将时对形势的分析，把人心向背，作为楚汉成败的一个关键问题来看待。

同时，司马迁又论述了，人的谋略在历史发展中的作用。例如，刘邦初入秦宫时，宫室、帷帐、狗马、珠宝、妇女以千数，就想住在秦宫不走了，樊哙（kuài）劝谏说：“沛公（指刘邦）想拥有天下呢？还是想当个富家翁呢？”刘邦说：“我当然想拥有天下。”樊哙说：“秦宫中，宫室、帷帐、珠玉、重宝、钟鼓之饰，奇物不可胜数，这就是秦亡国的原因。希望沛公赶紧离开秦宫，返回霸上，不要留在秦宫中。”刘邦不听。张良说："秦政无道，沛公才能来到这里。为天下铲除暴政，应以朴素清廉为本，不宜刚入关就坐享安乐。且忠言逆耳利于行，良药苦口利于病。希望沛公能听樊哙的劝谏。"沛公于是率军回到霸上驻扎。司马迁这是肯定樊哙在劝谏刘邦朴素为本的作用。

楚汉战争胜利后，汉定都洛阳。齐人刘敬，到陇西戍守，路过洛阳，他摘下拉车子用的那块横木，穿着羊皮破衣，入宫见汉高祖说："秦地背靠大山，河流环绕，四周有关塞，非常坚固。如果有急事，可以马上集齐百万之军。以秦故地为根据地，凭借秦地土壤膏腴肥美之条件，这就是天府之国。陛下入关都关中，崤山（在河南西部。崤，xiáo）以东，即使发生叛乱，可保全秦之故地。"高帝问群臣，群臣皆山东（指崤山以东）人，争言周代称王数百年，秦二世即亡，不如定都洛阳。高祖迟疑不决。留侯（指张良）明言入关建都的有利条件，刘邦即日就乘车驾向西，迁都关中。这是肯定刘敬在建都关中的作用。司马迁说："语曰'千金之裘，非一狐之腋也。台榭之榱，非一木之枝也。三代之际，非一士之智也。'信哉！夫高祖起微细，定海内，谋计用兵，可谓尽之矣。然而刘敬脱挽辂（辂，

lù，古代车辕上用来挽车的横木）一说，建万世之安，智岂可专邪？”这是把汉的成功，跟军事上的胜算、政治上的集思广益密切地联系起来，充分地反映出人的智谋对国家兴亡的作用。

相比刘邦，项羽往往失人心，项羽“尝攻襄城（在河南许昌），襄城无遗类，皆坑之。诸所过，无不残灭”。在新安坑杀秦降卒二十余万人；活埋田荣降卒，掳掠老弱妇女。从齐地打至北海，所过之处，无不破败。齐人相聚而叛之。项羽背叛原先诸将“先入关者王关中”（王：称王）的约定，立沛公为汉王，迁徙楚怀王到长沙，又杀怀王；“自矜功伐，奋其私智，而不师古，谓霸王之业，欲以力征经营天下，五年卒亡其国，身死东城，尚不觉寤而不自责，过矣。乃引‘天亡我，非用兵之罪也’岂不谬哉！”这就明白地指出项羽将胜败归于天意的错误了。

总括来说，司马迁承认，天人之间存在着一定的法则，同时他怀疑天能报答好人、惩罚坏人，强调人事起着根本性的作用。对于重大的历史事件，他总是认真地从人的努力和人心向背去总结成败经验，实际上是认为人事对历史进程起到支配作用。因此，在天人关系上，司马迁达到了那个时代所能达到的高度。

三、通古今之变

人们往往说今不如昔，一代不如一代。比如，《老子》说："至治之极，邻国相望，鸡狗之声相闻，民各甘其食，美其服，安其俗，乐其业，至老死不相往来。"鲁迅小说《风波》中九斤老太总说"一代不如一代"，这就是认为，历史不是向前发展的，而是向后倒退的。汉武帝说，"受命而王，各有所由兴，殊路而同归，谓因民而作，追俗为制也。议者咸称太古，百姓何望？汉亦一家之事。"虽然汉武帝认为汉受天命而建立，可他肯定汉代在历史上的重要地位。

司马迁说，他要"通古今之变"，就是要探究历史是否发展变化，以及这个变化是向前发展，还是向后倒退。古和今，代表全部历史，也说明今天是由历史演进而来，不能割断联系。变，强调历史长河中治乱盛衰的局面不断变化，治国的方法、人的认识也随之发展和改变。通，则是把历史的变化贯通起来考察。"稽其成败兴坏之理"，就是要总结发展变化的道理。

那么，古今是怎样变化的？

首先，每个历史阶段都有其发展特点。司马迁根据历史变化，提出了阶段性的看法，对于时代越近、变化越大的历史，他记载得越详细。黄帝时代，以德服天下。春秋时，周天子衰微，诸侯专政，五霸更替盛衰。战国时，陪臣执政，七雄争霸，秦并天下。秦楚之际，八年间，陈胜、项羽、刘邦，权力更迭。汉初，分封王和列侯，又分、削诸侯，最后废诸侯。所有这些记载，都反映出司马迁对历史进程的卓越见解。

其次，历史有发展，有变化，变化中有进步。秦朝短命，汉人多批评秦朝。司马迁说："秦取天下多暴，然世异变，成功大，传曰'法后王'"。即，秦以武力征伐取得天下，用暴力手段。可由于秦朝成功大，所以秦统一和秦制度为后来政权所效法。

第三，在历史发展变化过程中，改革有很重要的作用，改革能推动社会发展。司马迁重视推动社会发展的历史变革。《商君列传》描绘了商君变法的效果："行之十年，秦民大说（同"悦"），道不拾遗，山无盗贼，家给人足，民勇于公战，怯于私斗，乡邑大治。""居五年，秦人富强，天子致胙（致胙，将祭肉献给某人，胙，

zuò)。”使秦一举成为西方强国，称雄于诸侯，逐步蚕食六国最终兼并天下。对于吴起变法、赵武灵王变法，司马迁都给予积极评价。上述三次变法，其他文献中仅有片断记载，司马迁却作了系统的整理，使之成为战国历史的珍贵篇章。

第四，司马迁充分肯定汉代政治经济和社会进步，“汉兴，承敝易变”，汉初扫除秦政弊端，使人民休养生息。《吕后本纪》赞语，肯定吕后继续执行高祖与民休息政策：“孝惠皇帝、高后之时，黎民得离战国之苦，君臣俱欲休息乎无为，故惠帝垂拱，高后女主称制，政不出房户，天下晏然，刑罚罕用，罪人是希，民务稼穑，衣食滋殖。”上层执行与民休息的政策，不多兴土木工程，老百姓努力生产，衣食日益富足。《文帝本纪》肯定汉文帝的宽大、惠民政策：“孝文皇帝临天下，通关梁，不异远方，除诽谤，去肉刑，赏赐长老，收恤孤独，以育群生，减嗜欲，不受献，不私其利也。罪人不帑，不诛无罪，除宫刑，出美人，重绝人之世。”进出函谷关不用通行证，废除诽谤罪和肉刑、宫刑，抚恤鳏寡孤独，减膳损欲，不接受郡国的贡献，不私天下之利，不诛杀无辜，放出禁锢的前朝后宫妇女。“汉兴四十有余载，德至盛也。”《货殖列传》反对老子小国寡民、老死不相往来的历史倒退，详述“汉兴，海内为一，开关梁，弛山泽之禁”以后，商业经济的发展。《高祖功臣侯者年表》认为，汉封诸侯王的尊宠废辱，也是当世政治得失之林。这都是对汉代进步的肯定。

最后，司马迁承认汉武帝时代为“盛汉之隆”（《建元以后侯者年表序》），可是从自然规律来看，“月满则亏，物盛则衰，天地之常也。”他认为汉武帝时代存在着危机，“物盛而衰”。司马迁能够“见盛而观衰”，善于把握时势的转折，他敏锐地察觉到汉武帝时繁荣背后的变化：由于汉初七十余年积累的巨大财富，贵族及豪强等极度骄奢，违反制度规定，把国家由富庶推向人民困苦和财富耗损的动荡中。再加上与周边民族争战，财富减耗，尤其严重。为增加财富，用人和司法都受到影响。

古今之变，不仅表现在政权组织的变化、政权的兴衰上，而且表现在学术思想的变化上。以儒家来说，孔子、孟子时的儒家学派和汉代的儒家，已经完全不一样了。先秦的道家和西汉的道家，也不一样了。

“通古今之变”是司马迁光辉的历史思想。他以贯通、变化的观点，考察全部历史，提出对历史研究的阶段性看法；他重视叙述推动社会前进的改革，从曲折复杂的历史进程中，总结出“承弊通变”和“见盛观衰”两种变化法则。这说明他强调通、变，有意识地探求历史发展是否存在规律、法则，这在两千多年前是难能可贵的。

四、成一家之言

司马迁著史，实现了“成一家之言”，成为我国史学成长起来的标志。

家，本来是社会组织单位，后来用于学术领域，称具有独立思想体系的流派为家。先秦时，有阴阳、儒、墨、名、法、道等家。司马谈论述各家学派，特别推崇道家，认为道家是融合各家之长，能随时适应客观变化，表明司马谈吸收各家所长，自成一家的抱负。司马迁将此看得格外重大。他认为：周公以后五百年，孔子写了《春秋》；现在孔子去世又五百年了，他应该继承孔子的事业，这是不可推卸的责任。

政治上，司马迁看到汉武帝时代政治上的问题，他批评秦始皇、汉武帝时的重赋税政策，《平准书》批评汉武帝对外四处征战，造成“天下苦其劳”，财物损耗殆尽而不够用。司马迁还有意拿秦朝重税政策相比：“于是外攘夷狄，内兴功业，海内之士力耕不足粮饷，女子纺绩不足衣服。古者尝竭天下之资财以奉其上，犹自以为不足也。”

司马迁还揭露专制统治下法令的苛刻和执法上枉定人罪的奸险行为。汉初，刘邦约法三章，萧何制订九章律，到汉武帝任用张汤、赵禹为廷尉（司法部长）时，律令增加到三百五十九条，大辟（即砍头）四百零九条，一千八百八十二事，死罪案例汇编一万三千四百七十二事。他们依据君主和自己的爱憎判案。汉代的法律刻于三尺竹简上，称三尺法，廷尉张汤、杜周等人不顾法律的公正性，根据皇帝与自己的意愿判案。

杜周为廷尉，其治大仿张汤而善候伺（sì）。上所欲挤者，因而陷之；上所欲释者，久系待问而微见其冤状。客有让周曰：“君为天子决平，不循三尺法，专以人主意指为狱。狱者固如是乎？”

周曰：“三尺安出哉？前主所是著为律，后主所是疏为律。当时为是，何古之法乎！”

大意是杜周为廷尉，仿效张汤，善于揣摩皇帝的意思。皇上想打击的，杜周就陷害他。皇上想释放的，他就故意拖延，等到皇上过问，他就让这个人逐渐表现出冤屈。有人责备杜周，称为天子当廷尉，执法当公正，不能对皇上阿谀逢迎。杜周说：“三尺法从何而来？前面的君主肯定的，著录下来，就是法律；后来君主肯定的，解释记录下来，就是法令；法律就是天子的命令。”揭露了法律的虚伪性。

在社会观上，司马迁重视生产活动，认为经济生产有自己的发展规律，财富的占有，跟人们的社会地位、道德观念，相关联，并且重在发展工商业，让人们自由获得财富。《货殖列传》专门论述社会经济生活，表明司马迁认识到：物质生产对社会生活的重要作用；经济地位，对政治关系和社会意识，起决定作用。

具体来说，第一，司马迁肯定社会经济有自己的发展规律。

> 夫山西饶材、竹、谷、纑、旄、玉石；山东多鱼、盐、漆、丝、声色；江南出楠、梓、姜、桂、金、锡、连、丹沙、犀、玳瑁、珠玑、齿革；龙门、碣石北多马、牛、羊、旃裘、筋角；铜、铁则千里往往山出棋置：此其大较也。皆中国人民所喜好，谣俗被服饮食奉生送死之具也。故待农而食之，虞而出之，工而成之，商而通之。此宁有政教发征期会哉？人各任其能，竭其力，以得其所欲。故物贱之征贵，贵之征贱，各劝其业，乐其事，若水之趋下，日夜无休时，不召而自来，不求而民出之。岂非道之所符，而自然之验邪？

各地自然条件与物产不同，物质生活的需要，必然会推动社会生产的分工和社会经济的发展，这不是政治力量所能创造出来的。各地的自然条件不同，物产不同，但所有物产都是人民喜欢且日常生活所必需的。

因此需要农民种地来供给人们食物，虞人（掌管山林草木鸟兽的官员）伐木供人们使用，工匠做出器皿满足人们的需求，商人将这些物品运到各地供人们选购，这哪里是因为国家颁布政令要求才这么做的呢？每个人都担任其能胜任的工作，竭尽全力，来得到自己想要的东西。因此，当商品价格低时，商人就会把商品运到价高地方去；当商品价格高时，商人就会把商品，从价低的地方，运来销售。人们各自勤勉，竭尽全力，要得到想要的东西，如同水往低处流一样，日日夜夜,永无休止。商人不待国家召唤,就自己赶来。物产不用国家命令，百姓们就自己生产出来，这难道不是符合客观规律自然法则的证明吗？《老子》提倡的小国寡民的理想统治，是邻国相望，鸡犬之声相闻，民各甘其食，美其服，安其俗，乐其业，至老死不相往来。反对交往和商品交流。司马迁认为，各地物资的交流，农、工、虞、商分工合作，才符合自然、大道。西方富国论者，以农、矿、工、商四者相需，缺一不可，与司马迁的说法若合符节。

第二，司马迁指出，财富的占有，决定了人们的社会地位和道德水平。司马迁在《货殖列传》中，有很多著名的说法。

周书曰："农不出则乏其食，工不出则乏其事，

> 商不出则三宝绝，虞不出则财匮少。”财匮少而山泽不辟矣。此四者，民所衣食之原也。原大则饶，原小则鲜。上则富国，下则富家。贫富之道，莫之夺予，而巧者有余，拙者不足。……

意即，《周书》说，农民不种庄稼，人民就缺衣少食。工匠不做活，人民缺少日用器物。虞衡（管理山林薮泽的官员）不砍伐木材、捕获鸟兽鱼虾，人民缺少材料和货物。商人不经商，人民就没有衣食、器用、材料和货物。缺少衣食、器用、材料和货物，就不能开辟山泽，扩大耕地。衣食、器用、材料和货物，这四者，是人民衣食之源泉。源泉开辟得大，则人民生产、生活资料丰富；源泉开辟得小，则人民生产生活资料，就很匮乏。物质资源丰富，可以使国家富强，人民富裕。国家和人民争取财富之道，没人能改变。明智国家，或聪明人，通过生产经营，可以发财致富。笨拙国家，或笨人，不会经营，常常贫困。汉代一直实行抑制商人的做法，从汉高祖不许商人衣丝乘车，惠帝吕后时不许商人子孙仕宦为吏，汉武帝时实行打击商人政策。司马迁认为，物质生产、自然资源在国家和人民生活中，占有极其重要的地位，农、工、虞、商，四业并重，缺一不可。这种认识，显然比较高明。

司马迁说：

> 故曰："仓廪实而知礼节，衣食足而知荣辱。"礼生于有而废于无。故君子富，好行其德；小人富，以适其力。渊深而鱼生之，山深而兽往之，人富而仁义附焉。富者得势益彰，失势则客无所之，以而不乐。……故曰："天下熙熙，皆为利来；天下攘攘，皆为利往。"夫千乘之王，万家之侯，百室之君，尚犹患贫，而况匹夫编户之民乎！

大意是，《管子》说，仓库充实，人民才能懂得礼仪与廉耻。衣食富足，人民才能知道荣耀与耻辱。礼仪廉耻，产生于富有，废弃于贫穷。因此，君子富有，就会乐善好施，喜欢做仁德之事，如修桥筑路，修渠挖井，救济贫困，资助教育；小人富有，就会肆意妄为，吃喝嫖赌，斗鸡走狗，无所不为。河水深厚，富有营养物质，鱼就会生长发育。山林广大，就会吸引鸟兽来此栖息活动。人民富裕，就会乐善好施。富者钱财越多，势力越大，名声越来越高。有权有势有钱者，一旦失势或败落，立刻门庭冷落，车马稀少，再也没有朋友，其人也郁郁寡欢。所以说，天下各色人等，来来往往，熙熙攘攘，都是为钱财利益而来往。国君和诸侯王、万户侯、小封君（有百家作为食邑），尚且担心贫穷，何况平民百姓!司马迁认为，经济状况优良，人民才知礼义廉耻、政治是非。财富越多者，越应该乐善好施，推动公益慈善事业发展。

司马迁还说：

> 凡编户之民，富相什则卑下之，伯则畏惮之，千则役，万则仆，物之理也。

平民百姓，对于财富比自己多十倍的人，就会低声下气；多出百倍，就会畏惧害怕；多出千倍，就会被人役使；多出万倍，就会成为其奴仆；这是常理。财富的多少，决定人民在社会经济生产和生活中的相互关系。在社会上，由于财富多少不同，存在不同的社会等级、为人处事态度。

第三，司马迁特别强调工商业的作用。司马迁说：“夫用贫求富，农不如工，工不如商，刺绣文不如倚市门。”即要从贫穷到富有，务农不如做工，做工不如经商，刺绣织锦不如倚门卖笑。穷人可以凭借末业（商业），发家致富。

第四，司马迁肯定人们追求财富的合理欲望，承认追求财富的欲望，是人类社会发展的动力。《货殖列传》说：

由此观之，贤人深谋于廊庙，论议朝廷，守信死节隐居岩穴之士设为名高者安归乎？归于富厚也。是以廉吏久，久更富，廉贾归富。富者，人之情性，所不学而俱欲者也。故壮士在军，攻城先登，陷阵却敌，斩将搴旗，前蒙矢石，不避汤火之难者，为重赏使也。其在闾巷少年，攻剽椎埋，劫人作奸，掘冢铸币，任侠并兼，借交报仇，篡逐幽隐，不避法禁，走死地如骛者，其实皆为财用耳。今夫赵女郑姬，设形容，揳鸣琴，揄长袂，蹑利屣，目挑心招，出不远千里，不择老少者，奔富厚也。游闲公子，饰冠剑，连车骑，亦为富贵容也。弋射渔猎，犯晨夜，冒霜雪，驰坑谷，不避猛兽之害，为得味也。博戏驰逐，斗鸡走狗，作色相矜，必争胜者，重失负也。医方诸食技术之人，焦神极能，为重糈也。吏士舞文弄法，刻章伪书，不避刀锯之诛者，没于赂遗也。农工商贾畜长，固求富益货也。此有知尽能索耳，终不余力而让财矣。

这里，司马迁指出上至庙堂，下至乡村，各色人等，各种行为，基本都是为争取财富：（1）贤能之人，在朝廷上出谋划策、论辩争议；那些隐居深山老林岩穴的隐士，忠于信仰、坚守原则，拥有很高名望，他们这么做究竟是为了什么呢？为了增加财富。因此，为官清廉就能长久做官，仕宦长久，就会更加富有；商人不贪图眼前的蝇头小利，声誉好，回头客多，就能多赚钱致富。求富，是人们的本性，用不着学习就会这么做。（2）前线壮士们攻城先登，冲锋陷阵，甘冒箭石，赴汤蹈火，为求得重赏。（3）平民子弟，白昼拦路抢劫，杀人越货，盗墓，铸造假币，行侠仗义，为人报仇，吞并他人财产，不避法禁，其实皆为财用。（4）赵女郑姬，梳妆打扮，琴棋书画，踩着舞鞋，舞动长袖，目挑心招，勾引男人，不远千里，不择美丑老少，也是奔向富厚。（5）贵族子弟，游手好闲，装饰冠剑，连车并骑，招摇过市，这是为了增加自家财富和提高地位。（6）猎人渔民，起早贪黑，冒霜雪严寒，登山下谷，不避猛兽，为得美味佳肴。（7）赌徒，博戏，斗鸡走狗，面红耳赤，计较胜负，是担心输掉比赛和财富。（8）医生、方士和有技术者，费心劳神，钻研技术，为得到主顾家的财礼。（9）官府小吏，舞文弄墨，刻章作伪，不避刑罚，这是沉迷于钱财。总之，农、工、虞、商，都想方设法增长财富。这种财富，只要有智慧就能争取到，没有人会爱惜体力精力，推辞发财致富。实际上，司马迁揭示了人类一切活动的经济目的，承认人类追求财富的欲望，是推动物质和文化进步的动力，是推动社会进步的动力，这种认识接近真理的边缘，这是汉武帝时代最有价值最卓越的思想。司马迁为很多工商业者如计然、范蠡、子贡、白圭、乌氏倮、巴寡妇清、卓王孙、程郑、南阳孔氏、鲁曹邴化、齐刀间、周师史氏、宣曲任氏、无盐氏，关中田啬、田兰，韦家栗化，安陵、杜木氏，写传记，称赞他们对于政治没有危害，对于百姓没有妨碍，根据时机买卖，增加财富，聪明的人都采用这个方式（指经商）致富。又写出了普通人能从事农副商业活动致富的经验和行业。

在文化上，司马迁采取兼容并蓄的态度。他尊重儒学，写了四篇儒家人物传记。同时，对于其他各家代表人物，他都专门写了传记。这就表明他承认各种学说都有其历史地位，具有兼容百家的博大胸怀。

在民族问题上，司马迁专门给中原以外的周边民族及许多域外民族都立了传，叙述各民族的历史、地理、风俗人情及其与汉朝的关系。

总之，司马迁构建的学说体系有着丰富的内容，具有鲜明的进步性和独创性，他做到了“成一家之言”，成为西汉进步思想的杰出代表，而《史记》的价值也远远超出了史学范围。

司马迁《史记》一书，在中国历史上的贡献是巨大的。他提出的“稽其成败兴衰之理”和“究天人之际，通古今之变，成一家之言”，不只是对于自己的工作要求，而且提出了历史研究的中心问题。他的工作是空前的，为此后的历史学者指出了路径，提供了学习的榜样。此后的历史学研究究竟做出了什么成绩，司马迁提出来的几个问题，和他已经取得的成绩就像是测量器一样，可以测量出其高低来。司马迁之所以成为中国古代伟大的史学家，其原因正在于此。[1]

[1] 以上内容主要参考白寿彝先生主编《中国史学史》第 3 版，第 47—57 页，北京师范大学出版社 2016 年版。其中，经济活动部分，又重新修改补充。

下篇　伟大时代的英雄群像

《史记》最大的魅力在于，司马迁所记述的一系列人物都具有青春的朝气、英雄的气概。他们积极进取，勇于事功，艰苦奋斗，百折不挠地追求理想的实现与事业的成功。

没有任何一部史书像《史记》这样充满了对英雄的描写，尤其对青少年的描写，其中很多著名人物，他们的奋斗和成功都在青少年时期。

一、陈胜、吴广：汉家革命的发端者

司马迁把人物列传区分为世家和列传两个部分，实际有区别贵族和平民、特功与平凡之意。陈胜、吴广都不是贵族，可是却列入世家，为什么？陈胜、吴广是秦末起义的英雄，推动了历史的进步。汉家革命的发端者是陈胜、吴广，司马迁给予他们崇高的历史地位。

赋税劳役负担重、刑法严酷，导致农民起义

本来，秦朝赋税、徭役负担就很重。秦二世时，田租收泰半之赋；田亩附加税，每顷收刍稿费（农作物的秸秆）合计五石。还有口赋、户赋，按人口征收以供军费。男子十五岁开始服役，六十岁老免。每年为更卒一个月，在本县、本郡服役。一生中为正卒一年，在本县、本郡参加军事训练、维护地方治安。屯戍一年，屯戍京师或边疆。所以董仲舒说秦朝人民所服力役三十倍于古，田租口赋、盐铁之利二十倍于古。秦始皇修建骊（lí）山陵墓、阿房（ē páng）宫，用隐宫（一种刑罚）徒刑者七十余万。派国尉（官名）屠睢（suī）率五十万人戍守岭南，又派蒙恬率军三十万北击匈奴，辟地千里，以黄河为界。此地本为斥卤（盐碱地），不生五谷，然后发天下丁男，以保守北河（北河，黄河由甘肃流向河套，至阴山南麓分为南北二河，北边的称北河）。为供给军食，秦始皇从天下各地运送粮食，从山东沿海转运粮食，用一百八十多石费用运输一石粮食，百姓负担沉重。收税多者为明吏，

杀人众者为忠臣，人民负担更重了。秦二世继续修筑阿房宫。又从各地征调民力去戍守北方，渔阳郡（今北京密云）就是其中之一。

公元前209年七月，阳城（今河南登封东南）县征调九百名壮丁到渔阳。九百人驻扎在大泽乡（今安徽宿州南），陈胜、吴广被军官挑选为屯长，管理这九百人。陈胜，家贫无地，在地主家当雇工，人穷志不短，有鸿鹄之志，他梦想有朝一日能富贵。他们到达大泽乡时，正遇连日大雨，估计得延期。秦法，戍守壮丁不如期到达，要斩首。陈胜、吴广商量道："逃跑被抓回来，是死罪；兴举大事也是死，反正是个死。不如我们兴举大计，推翻秦朝，比到渔阳送死好。"于是他们制造舆论，取得士卒的支持，杀了押送人员，召集壮丁们说："大家遇雨，耽误行程，不能如期到达渔阳，就要受死刑。即使他们不杀我们，在北方戍守，也是十分之六七的人都得受累受苦而死。男子汉大丈夫不死则已，死即举大事，王侯将相难道是天生的吗？"这些壮丁都听陈胜指挥。陈胜、吴广诈称公子扶苏、项燕，树立起"大楚"的旗子，陈胜自立为将军，吴广为都尉，攻下大泽乡，又攻下蕲（今安徽宿州南），连续攻下附近几个县，又攻下陈（今河南淮阳），召集三老、豪杰开会，商量大事。三老、豪杰都说："将军披坚执锐，讨伐无道，诛杀暴秦官吏，又恢复楚国社稷，功劳大，当立为楚王。"于是陈胜自立为楚王，号"张楚"（"张大楚国"之意）。

各郡县人民，都受秦吏催征赋税、征发壮丁之苦，于是纷纷起来，杀掉各郡县官吏，响应陈胜。没过多久，楚地到处有人拉起反秦队伍。陈胜遣将分头接应，他们节节胜利，占领大片地方。不到三个月，赵、齐、燕、魏等地，都有人打着恢复六国的旗号，自立为王。

大楚农民政权，止步骊山；陈王遣置侯王将相，竞相亡秦

陈胜派周文率领十万义军向西进攻，攻进关中（函谷关以西），来到戏（今陕西临潼），逼近秦都咸阳。秦二世惊慌失措，派少府章邯，释放修建骊山陵墓的囚犯、奴隶，组建军队，进攻张楚农民军。六国贵族各自据地为王，不来支援张楚农民军。周文义军，孤军作战，最终失败。吴广在荥阳被部下杀死。秦二世二年十月，陈胜逃跑途中，被车夫杀害，庄贾降秦。

陈胜部将吕臣又杀了庄贾。

陈胜称王共六个月。陈胜刚称王时，他以前的老朋友听说后，到陈来找他，门卫不通报。陈胜出宫，老朋友拦路呼喊陈胜。陈胜让他上车，一起回到宫中。老友一见宫殿帷幕华丽，就大呼："夥颐（huǒ yí，感叹词），陈胜当大王了，宫殿好大啊！"老友出入宫门越发放纵，总说起陈胜往事。有人对陈胜说："客人愚钝无知，专说大话，会降低大王威望。"于是陈胜就把老朋友杀了。见此情景，那些来投奔陈胜的老朋友都纷纷离开他，陈胜再也没有信任的人了。陈胜用朱防主管人事，用胡武管监察，监督群臣。诸将攻城，有不服从命令者，都拘捕下狱。臣下能苛刻待人的，才算忠臣。对不喜欢的官员，朱、胡二人不交给监察部门，由自己裁决处理。陈胜越来越信任这二人，诸将因此不亲附陈胜，这是陈胜失败的主要原因。

司马迁说，陈胜虽然失败了，可他设置派遣的王侯将相最终灭掉了秦朝，这都是由于陈胜首先发难才会有这样的结果。高祖时，为陈胜墓设置三十户人家守墓，到汉武帝时仍享受祭祀。司马迁还说："夏桀、商纣政治败坏，于是商汤、周武王兴起；周政治败坏，于是孔子作《春秋》；秦政败坏，于是陈涉首先发难。诸侯兴起，风起云涌，最终使强大的秦国走向灭亡。汉家统治天下之端，来自陈胜首先发难。”司马迁把陈胜比作商汤、周武王、孔子这种古代的大圣人，对其评价之高，令人震惊。

司马迁认为，虞、夏之兴，都是积德累善数十年，施行恩惠于百姓，并代理政治，有天命之征，然后即位，是受天命而称王，是天子。商汤、周武王不能正言匡正夏桀、商纣王之过失而尊天子，反因其过错而诛杀他们，代立即位，是革命。高皇帝刘邦代秦即天子之位，所谓提三尺剑得天下，不是受天命，而是革命。陈胜吴广是汉家革命的发端者。宋人洪迈说，秦灭六国，统一天下，六国岂无孝子贤孙、故家大族？他们都是抱头鼠窜之辈，只有张良于博浪沙狙击秦始皇，更无一人西向窥其锋芒。戍卒陈胜，一旦奋不顾身地起事，海内豪杰才云集响应，并起而诛秦吏。数月之间，一战失利，不幸殒命。陈胜身虽已死，但其所设置派遣的王侯将相最终消灭了秦朝。项羽起自江东，假借陈王的命令而渡江，最终使秦朝的统治成为废墟，这究竟是谁的功劳呢？难道不是陈王吗？可见古人对陈胜评价之高。

二、西楚霸王项羽：为汉家驱除万难

楚人认为，秦灭六国，楚最无罪。楚国的南公（南公，复姓）语："楚虽三户，亡秦必楚"。[1] 战国后期到汉武帝时代，淮北沛（今江苏沛县）、陈（今河南淮阳）、汝南（今河南汝南）、南郡（今湖北荆州）为西楚。项羽为西楚人。司马迁把项羽列入本纪，是惋惜项羽英雄盖世，而功败垂成，为汉家驱除困难，为汉家的成功做了铺垫。

秦政酷烈暴戾，欲亡秦者多矣

秦统一天下，从长远历史进程看，是历史的进步。但是，秦以武力征伐，残暴杀害降卒，用反间计等手段统一天下，从各国贵族角度看，秦政酷烈、暴戾，打击、摧残各国贵族和人民，导致人民困苦。东方各国及其子弟多有不服者。带刀佩剑，杀人隐匿不报者

[1] 关于三户，有多种解释。韦昭等以为，"三户"指楚国三大姓屈、景、昭；杜预以为丹水县（今河南淅川，淅，xī）北有三户亭；服虔、孟康、《括地志》认为浊漳水（今山西长治一带）流经三户峡，有三户津（今河北磁县界），后项羽果渡三户津破章邯军，秦遂亡。

不少，有不少人想杀死秦王嬴政（后称秦始皇）。秦始皇为彰显武力和威势，也为向东方燕、齐之地寻找海上仙境、仙人、仙药，登泰山祭祀天地、刻石立碑，歌颂秦统一，先后四次到东方各国巡视。其中一次巡幸天下中，就发生了六国贵族后代刺杀秦始皇事件。

秦王嬴政二十年（前 227 年）燕太子丹派荆轲到秦都咸阳刺秦王。

秦始皇二十九年（前 218 年）秦始皇东游，至阳武（今河南原阳）博浪沙中，韩国贵族后代张良，重金寻觅大力士刺杀秦始皇，失误击中秦始皇副车。秦始皇搜查未果，令天下大搜查十日。

秦始皇三十二年（前 215 年），燕人卢生入海求仙人、仙药回来，卢生向秦始皇报告鬼神之事，并献上图录之书，书中说："亡秦者，胡也"。胡，胡亥，秦二世名字。秦始皇见到图书，不知道此为人名，反而认为是北方匈奴民族要消灭秦，于是派将军蒙恬征发三十万人，向北打击匈奴，略取黄河以南土地，即今天河套地区。燕八卢生所奏，表达燕地人亡秦之心态。

三十六年（前 211 年），东郡（今河南东北部、山东西部）百姓在陨石上刻字"秦始皇死而地分"，秦始皇搜查未果，于是将陨石周围的百姓全部杀掉，烧掉石头。

同年秋，在华阴平舒道（今陕西华阴）上，有人对使者说："今年祖龙死"。祖，始也。龙，人君象，指秦始皇。秦始皇听说此事，默然良久，说："山鬼所知，不过一年之事。"心中很不高兴，说："祖龙者，人之先也。"他让人占卜，卦词说，巡游天下，为大吉。于是三十七年十月，秦始皇出游天下。

秦始皇三十七年（前210年），秦始皇最后一次巡视江浙、山东沿海，在游览会稽郡（会稽，kuài jī），渡浙江（今钱塘江）时，众人前往观看。看到秦始皇巡视队伍声势浩大，仪仗威严，人群中一位身材高大的年轻壮士，情不自禁地说："彼可取而代之！"旁边一位长者，赶紧捂住他的嘴说："别随便说，要满门抄斩的！"这位壮士就是千古灭秦第一英雄项羽，当时年仅二十二岁。旁边长者是他叔叔项梁。

项羽，名籍，字羽，下相（今江苏宿迁）人。祖父项燕、叔叔项梁，皆为楚国大将。项羽身高八尺有余（合今1.85米左右），力大能举鼎，才气超常人。项梁杀人，为逃避仇家，与项羽来到吴中（今江苏苏州），常帮助人操办丧事或替人服徭役，得到吴中人的支持。项羽少有异志，学读书不成，又学剑，学剑又不成。项梁生气，项羽却说："读书只能记记姓名，学剑只能和一人对敌，要学就学万人敌。"于是项梁就教项羽兵法，可他刚略懂兵法大概，又不肯学。项羽这种不重视学问，只拼蛮力、不用智慧、做事不能持久的性格，使得项羽最终不能成功，反而自杀身亡。

秦二世元年（前 209 年）九月，项羽杀会稽郡郡守，项梁自立为郡守，召集豪强官吏，晓以反秦大义，发动吴中兵起事，得精兵八千。又部署郡中豪杰占领下属各县。陈胜部将召平，假借陈王名义，拜项梁为楚上柱国（官名），率八千江东子弟，渡江向西，联合东阳（今安徽天长）陈婴、黥（qíng）布、蒲将军等共计六七万人，驻扎下邳（今江苏睢宁西北）。公元前 208 年六月，项梁引兵入薛（今山东滕州东南），召集诸将商讨大事，为顺应楚地民心，立楚怀王之孙——心，为楚怀王，建都盱台（今江苏盱眙，xū yí），项梁到定陶（今山东定陶），秦将章邯增兵，项梁兵败而死。

破釜沉舟，项羽率勇士渡漳河援救赵军

秦将章邯，渡黄河，北攻赵，大败赵军。赵王赵

歇、大将陈余、相国张耳，逃入钜鹿城（今河北平乡西南）。秦将章邯、王离、涉间包围钜鹿。项梁死后，怀王迁往彭城（今江苏徐州），合并项羽和吕臣军，亲自统率，让沛公刘邦率部西征，由武关（今陕西丹凤）入秦，约定：谁先进入关中，谁就做关中王。命宋义为上将军，项羽为次将，范增任末将，援救赵国。各路将领都隶属于宋义。

公元前207年十月，宋义率楚军北上，他害怕与秦军决战，不敢渡漳河（今称为老漳河），抵安阳[1]（山东曹县东），滞留四十六天不进。宋义派儿子宋襄，去齐国为相，送到无盐（今山东东平），并在驻地置备酒筵，大会宾客。天气寒冷，下着大雨，士卒又冷又饿。项羽建议，马上进兵河北，与赵军里应外合，击破秦军，解赵围，使士卒就食河北。宋义想保存实力，趁秦赵相斗坐收渔利。项羽对宋义置酒大会宾客、不赶紧攻赵非常不满。项羽晨起，到军帐中斩杀宋义，向军中发令说："宋

[1] 关于安阳，学术界有不同的说法。严衍《资治通鉴补》卷八秦纪二说，宋州楚丘西北四十里有安阳故城。傅恒《通鉴辑览》卷十一说，今山东曹州府曹县东有安阳城，即宋义留兵处。杨宽以为在山东阳谷县东北的阿城镇西北。郭克煜《鲁国史》认为，安阳在今山东曹县东，见该书第264页，人民出版社1994年版。本书从郭氏之说。

义和齐国同谋反楚，楚王密令我处死他。”将领们畏服项羽，没人敢抗拒，都说：“项将军家首先扶立楚怀王。如今是将军诛灭叛乱之臣。”大家都拥护项羽，楚怀王命项羽为将军，英布、蒲将军都归属项羽指挥。

项羽诛杀宋义，威震楚国，名扬诸侯。他派遣英布、蒲将军率领两万人渡过漳河，援救钜鹿。项羽率军渡过漳河，打碎锅碗炊具，凿沉舟船，烧毁军营，每人只带三天干粮，勇往直前、义无反顾。这时，楚军声势强大，居诸侯军之首。前来援救钜鹿的诸侯军，共筑起十几座营垒，都不敢发兵出战。当楚军进攻秦军时，诸侯军只敢在营垒中观望。楚军战士以一当十，士兵们杀声震天，包围王离，阻断秦军所筑甬道，大败秦军，俘虏秦军大将王离，杀死副将苏角，副将涉间，自焚而死。诸侯军人人战栗胆寒。项羽召见诸侯军将领，当他们进入军门时，个个都跪着，用膝盖向前挪动着走，不敢抬头仰视项羽。自此，项羽真正成为诸侯军的上将军，各路诸侯都隶属于他。

这时，秦将章邯军驻扎在棘原（今河北平乡南），项羽军驻扎在漳河南，两军对阵，相持未战。秦军数次退却，秦二世派人来责问章邯。赵国大将陈余写信给章邯，劝他与诸侯军联合攻秦，共分秦地，各自为王。项羽率诸侯军驻扎在漳河南，与秦军交战，再次击败秦军。诸侯军粮草不多，项羽与章邯相约在洹（huán）水南岸的殷墟上会晤，订立盟约，项羽封章邯为雍王，安置在项羽军中；任命秦军长史司马欣为上将军，统率秦军，担任先锋。

项羽势如破竹向西行军，坑杀秦降卒二十万

汉元年（前206年）项羽带领诸侯军三十余万到达黄河以南，继续西进，到达新安（今河南渑池东），章邯率降卒二十万随行，他们心中不安，忧愤交加，窃窃私语，颇有怨言。项羽没有安抚他们，而是把秦军降卒二十余万，趁夜色深沉，全部坑杀在新安城南，只带章邯、长史司马欣、都尉董翳（yì）进入秦地。钜鹿之战和新安坑杀秦降卒，歼灭了秦军主力，决定了秦朝灭亡的命运，也暴露出项羽残暴、不能收服降卒人心的弱点。

鸿门宴，项庄舞剑意在沛公

项羽带兵西行，夺取秦地。公元前206年十二月

中旬，楚军到达函谷关（今河南灵宝），关内有士兵把守，楚军没能进去。听说沛公刘邦已攻下咸阳，项羽大怒，派英布进攻函谷关，直到戏水西的鸿门（今称项王营，在临潼东）。项羽听说刘邦想称王关中，独自占有珍奇宝物，大怒，率兵卒四十万，驻扎在新丰鸿门；刘邦兵卒十万，驻扎在霸上（在陕西西安东），两军相距四十里。范增劝项羽攻打刘邦，项羽叔父项伯跟张良有私交，项伯私下把消息告诉张良，张良又告诉刘邦。刘邦大惊，不知道该怎么办。

张良邀请项伯与刘邦相见，刘邦向项伯献酒祝寿，定下儿女婚姻。刘邦说："我进驻函谷关后，秋毫不敢犯，登记官民户口，查封各类仓库，只等项将军来。我派将守关，是防备其他盗贼窜入和意外变故。我们日夜盼项将军来，哪敢谋反！希望您详细转告项将军，我是绝不敢忘恩负义的。"项伯从中斡旋。次日早晨，刘邦带领一百多名侍从来见项羽，到鸿门向项羽赔罪。酒席间，范增召项庄入席，项庄舞剑，意在趁机刺杀刘邦；项伯也起身舞剑，掩护刘邦。樊哙进入宴席，厉声数落项羽，不遵守怀王当初约定，要杀先入关的有功之臣。刘邦与樊哙商量后，扔下车马侍从，独自骑马，樊哙、夏侯婴、靳强、纪信等四人，手持剑盾，从骊山上下来，跟在刘邦后面，徒步奔跑，顺着芷阳（秦县名，今陕西西安东），抄小路而行。这就是有名的鸿门宴。

刘邦利用项羽年轻气盛，缺乏政治斗争经验的弱点，虎口逃生，保存实力，争得机会。张良留下来向项王致歉，并赠送项羽白璧一双，赠亚父范增玉斗一对。范增见项羽无意杀掉刘邦，击碎玉斗，感叹项羽不足以成大事，将来一定是刘邦夺得天下，自己这班人就要成为俘虏了！

杀秦降王子婴，项羽火烧秦宫三月

几天后，项羽率兵西进，屠戮咸阳城，杀秦降王子婴，烧秦宫室，大火三月不灭；劫掠秦廷财宝妇女，往东走了。韩生劝项羽都关中，说："关中有山河为屏障，四方都有要塞，土地肥沃，可以建都，成就霸业。"项羽见秦宫室被火烧得残破不堪，又思念家乡，就说："富贵不回故乡，就像穿锦绣衣裳黑夜中行走，别人谁知道呢？"韩生说："人们说楚国人像是猕猴戴帽子，果真如此。"项王听见，烹杀韩生。源于此。这再次显示出项羽残暴、没有政治远见、不能接受正确意见的弱点。

尊楚怀王为义帝，项羽分封十八王

原先，楚怀王与诸侯军约，先入关者称王。项羽派人向怀王禀报破关入秦。怀王说：“按以前约定办。”项羽想自己称王，于是先封手下的将相，他说：“反秦起义之初，暂时立诸侯后代为王，以讨伐秦朝。然而身披坚甲，手持利兵，带头起事，暴露山野，三年在外，灭掉秦朝，平定天下，都是靠各位将相和我项籍的力量。怀王虽然无战功，但也应分封他为王。”于是尊怀王为义帝，分封天下，分封沛公刘邦为汉王，统治巴蜀之地（今四川）。封秦军降将章邯、司马欣、董翳为王称三秦王；项羽自立为西楚霸王，统治梁、楚九郡，都彭城（今江苏徐州）。封其他十四人为王，合计分封十八王。这显示，项羽政治目光很短浅。

杀义帝天下离心，燕齐梁众叛项王

汉元年（前206年）四月，各路诸侯解散回到封国。项羽派人把义帝杀了，这又是项羽的政治失策。废韩王成为侯，又杀韩王成。燕王臧荼（zāng tú）杀辽东王韩广，兼并其地。田荣自立为齐王，占有三齐之地，令彭越在梁地（今河南东北部）反击项羽。齐、梁，都背叛项羽。

汉王从汉中出发，平定三秦，居高临下，与项羽争夺天下，这就是楚汉之争。项羽本来身边有些人才，但他不信任他们，陈平、韩信、英布等都相继归汉。张良把齐、梁背叛一事告诉项羽，激怒项羽。于是项羽全力对付齐、梁。项羽到城阳（今山东菏泽东北）与田荣会战，田荣不胜，逃至平原（今山东平原西南），平原民众杀之。项羽遂向北烧坏齐的城郭、室屋，坑杀降卒，拘捕老弱妇女，巡行齐国，一直到北海（今山东潍坊），所过之处，一片残败。齐人相聚，反叛项羽。田荣之弟田横，收集齐亡卒数万人，反于城阳。项羽因此滞留在齐地，连战未下。

楚汉战争之初：汉军兵败彭城，睢水为之不流

汉二年（前 205 年）春，汉王刘邦部署五诸侯兵五十六万人，东击楚。汉王破彭城，收取项羽货物美女，天天大摆酒宴。项羽以精兵三万人，从萧县击汉军，至彭城，大破汉军。汉军逃跑，楚军追击至灵璧东（今

安徽宿县西北）睢水上。汉军退却，楚军杀之。汉军十万余人皆死，入睢水，睢水为之不流。汉王与数十骑兵，逃遁而去。太公和吕后都被项羽扣押在军中。

陈平离间亚父项王，楚河汉界缓兵之计

汉王收拾残兵败将，萧何从关中征发壮丁，支援前线。楚汉大战京（今河南荥阳东北，荥，xíng）、索（今河南荥阳）之间，汉军胜，楚军不能越过荥阳向西。汉军驻扎荥阳，筑两边有夹墙的道路，运输敖仓（荥阳西北敖山有秦粮仓，北临黄河）粮食。

汉三年（前204年），楚军夺取汉军甬道，汉王缺乏粮食，恐惧，请求与项羽讲和，割荥阳以西为汉，作为缓兵之计。项羽想接受汉王讲和，范增认为，机会难得，杀掉汉王不能讲和。楚军急围荥阳。汉王派陈平离间项羽与范增关系。范增大怒，离开项羽，未至彭城，后背长疥疮而死。连最忠实的军师“亚父”范增，项羽都不信任，其失败可想而知了。

陈平半夜派女子两千人假扮汉军出荥阳城东门，汉将纪信假扮汉王，从荥阳东门出城投降。汉王与数十骑从城西门出走，逃到成皋（今河南荥阳西北）。项

羽发现后，烧死纪信。汉王得到九江王英布军的支援，逃入成皋。

汉四年（前203年），项羽进兵包围成皋，汉王与夏侯婴逃出成皋北门，渡河走修武（今河南获嘉），投奔张耳、韩信。

楚汉相距（距，抗拒、抵御义），汉军数次挑战项羽。项羽派人对汉王说："天下汹汹，只因我二人缘故。我愿意挑战，与你决一雌雄，不要让天下父子为我们肝脑涂地。"汉王说："我宁肯与你斗智，不能斗力。"项羽令壮士出阵挑战。汉军中有楼烦人（古代北方少数民族）射手，楚军壮士数次挑战，楼烦射手都射杀之。项羽大怒，身披铠甲，手执戟，出来挑战。楼烦射手想射箭，项羽瞪大眼睛怒斥他，吓得楼烦人目不能视，手不能射箭，跑回壁垒，不敢再出来。派人打听，原来是项羽。汉王大惊。于是，汉王与项羽隔着广武涧（广武涧，即鸿沟，古代运河，位于今河南荥阳），历数项羽十条罪状。项羽大怒，埋伏的楼烦射手射伤汉王，汉王逃回成皋。

在关中，萧何征发兵卒到前线，汉王粮食多，项羽兵粮都少，于是项羽与汉王相约，中分天下，以鸿沟为界，以西为汉，以东为楚。项羽撤军向东，使汉王再次有缓兵之机。

齐楚梁众军将帅垓下会战，四面楚歌项王乌江自刎

汉王想回汉中。张良、陈平说："汉有天下大半，诸侯归顺汉王。楚军兵疲食尽。不如趁机灭之，否则养虎为患。"汉五年（前202年），汉王追项王至阳夏南（今河南太康县），与韩信、彭越约定到固陵（今河南太康县南）会师，共击楚军。韩信率军从齐国出发，汉王部将刘贾从寿春（今安徽寿县）出发，到达垓下（今安徽灵璧东南沱河北岸）。大司马周殷叛楚，率领九江兵，随同刘贾、彭越会师垓下，逼向项羽。

楚军在垓下修筑营垒。汉王与诸侯军共击楚军，与项羽决胜垓下。韩信率领三十万军当正面，孔将军居左，费将军居右，汉王在后，绛侯周勃、柴将军在汉王后。项羽军有十万人。韩信先战，战况不利，退却。孔将军、费将军发兵，楚兵不利。韩信又攻之，项羽大败垓下。

楚军兵少粮尽，汉及诸侯军将其团团围住。深夜，听到四面汉军都歌唱楚地的歌谣，项羽大惊，说："难道汉军全得楚地？怎么楚人这么多呢？"项羽连夜起来，在帐中喝闷酒，想着怎么到了这步田地。项羽身边有虞美人和乌骓（zhuī）马，项羽不禁慷慨悲歌，吟唱道："力量能拔山啊，英雄气概举世无双；时运不济呀乌骓马不再往前闯！乌骓马不往前闯啊可怎么办？虞姬呀虞姬，我该怎么安排你呀才妥善？"项羽唱了几遍，虞美人应和。项羽眼泪簌簌流下，左右侍者无不落泪，抬不起头来。

于是项羽骑马，部下壮士八百多人，骑马紧随其后，趁夜突破重围，向南冲出，飞驰而逃。天快亮时，汉军才发觉。汉王命令灌婴带领五千骑兵追赶。项羽渡过淮河，只剩一百多人。项羽到达阴陵（今山东鱼台东南、安徽定远西北）迷路了，问农夫，农夫骗他说："向左边走。"项羽带人向左，结果陷入大沼泽中。

汉军追上他们。项羽又带着骑兵向东，到达东城（今安徽定远东南），这时只剩下二十八人。

后面，汉军几千骑兵又追赶上来，前有乌江，英雄末路，项羽自度不能逃，仍然不服输，对骑兵说："我带兵起义，至今八年，打了七十多仗，所向无敌，从未失败，称霸天下。如今竟被困在这里，这是上天要灭亡我，不是我作战的过错。今日，我决心战死，我愿意为诸位打个痛快，胜它三回，给诸位冲破重围，斩杀汉将，砍倒军旗，让诸位知道是上天要灭亡我，绝不是我作战的过错。”

于是把骑兵分成四队，面朝四个方向。汉军把他们重重包围起来。项羽对骑兵们说：“我来给你们拿下一员汉将！”命令四面骑兵驱马飞奔而下，约定冲到山东边，分作三处集合。

于是项羽高喊着冲下去，汉军像草木随风倒伏一样溃败，项羽杀掉一名汉将。这时，汉将杨喜，在后面追赶项王，项羽瞪大眼睛呵叱他，杨喜连人带马都吓坏了，倒退了好几里。项羽与骑兵在三处会合。

汉军不知项羽的去向，就把部队分为三路，再次包围上来。项羽驱马冲上去，又斩一名汉军都尉，杀死有百八十人，聚拢骑兵，仅损失两个人。项羽问骑兵们：“怎么样？”骑兵们都敬服项羽。

这时，项羽想东渡过乌江（今安徽和县东北长江西岸）。乌江亭长正停船靠岸等在那里，对项羽说：“江东虽小，但土地纵横各有千里，民众几十万，也足够称王啦。希望大王赶快渡江。现在只有我这有船。汉军到了，就没法渡江了。”项羽笑说：“上天要灭亡我，我还渡乌江干什么？！再说我和江东子弟八千人，渡江西征，如今没有一个人回来，纵使江东父老兄弟怜爱我，让我做王，我又有什么脸面见他们？纵使他们不说什么，我也问心有愧。”

于是对亭长说：“我知道您是位忠厚长者，我骑着这匹马南征北战五年，所向无敌，曾经日行千里。我不忍心杀掉它，把它送给您吧。”命令骑兵都下马步行，手持短兵器与追兵交战。项羽一人就杀掉汉军几百人，负伤十几处。

项羽回头看见汉军将领吕马童：“你不是我的老相识吗？”吕马童对汉将王翳（yì）说：“这是项王。”项羽说：“我听说汉王用黄金千斤、封邑万户，悬赏购求我脑袋，我就把这份好处送给你吧！”说完自刎而死。王翳拿下项羽的头，杨喜、吕马童、吕胜、杨武，各争得一块肢体。五人把肢体拼合，正好都对。后来，汉王把项羽的土地分成五部分，分封五人为侯。

项羽死时年仅三十一岁。当初，楚怀王封项羽为鲁公，等他死后，鲁国最后投降，所以，汉王按照鲁公封号礼仪把项羽安葬在谷城（今山东东平）。汉王亲自给他发丧。这就是英雄项羽的一生。

汉五年（前202年），汉高祖置酒洛阳南宫，要诸将讨论，力量强大的项羽为什么会失去天下。高起、王陵说：陛下待人轻慢，常常侮辱人，但是陛下使人攻城略地，攻下哪里，就把哪里分封给功臣，与天下同利。项羽仁而爱人，但妒贤嫉能，怀疑有功劳有才能的将领，战胜不给人功劳，得地不给人利益，不能与天下同利。这是项羽失败的原因。汉高祖说："诸公只知其一，不知其二。夫运筹帷幄之中，决胜千里之外，吾不如张子房；镇守国家，安抚百姓，供给军队粮饷，不绝粮道，吾不如萧何；连百万之众，战必胜，攻必取，吾不如韩信。此三者，皆人杰，吾能用之，此吾所以取天下者也。项羽有一范增而不能用，止。所以为我所擒也。最重要的是项羽不能信任、重用范增。"

汉朝君臣的意思其实都一样，项羽失败，原因有多种：分裂天下，引起争斗；离开关中、怀念楚地，失去关中地利优势；放逐义帝，诸侯叛乱；自矜功伐，不施仁政；一味依靠武力，残暴，失去民心。然而，项羽在秦亡汉兴中，地位很重要。司马迁说，秦朝政治败坏，陈涉首先发难，各路豪杰蜂拥而起，你争我夺，数不胜数。项羽没有尺寸土地，他趁秦末大乱之际，兴起于民间，只用三年时间，就率领各路诸侯灭掉秦朝。划分天下土地，封王、封侯。政令全部由项羽发出，自号为西楚“霸王”。虽然他的地位没有保住，但这可是近古以来，未曾有过的事情。项羽打败章邯军，为汉家驱除万难，有功于汉朝。

三、淮阴侯韩信：冲锋陷阵，为汉朝打下半壁江山的大将军

汉朝能取得天下，韩信功劳最大。韩信为汉朝打下半壁江山，其范围包括今天山西、河北、北京和山东广大地区。汉五年，高祖置酒洛阳南宫，对诸将说，大家不要隐瞒，据实说来，为什么我能拥有天下，项羽为什么失去天下。高起、王陵回答说，“陛下傲慢而侮辱他人，但是陛下使人攻城略地，攻下城池后就分给功臣，与天下同利。”高祖说：“你们只知其一，不知其二。运筹帷幄，决胜千里，我不如张良。镇抚国家，安定百姓，供给军粮，不绝粮道，我不如萧何。

联合百万军队，战必胜，攻必取，我不如韩信。此三人都是人杰，我能用他们，这就是我所以取天下的原因。”后来，司马迁说：“最终破楚者，是韩信、彭越、英布三人的力量。”司马迁游览天下，到达淮阴（今江苏淮安）时，淮阴人告诉他，韩信为布衣（平民）时，志向就非同常人，其母去世，家贫，不能好好安葬母亲，却选了一块高敞地块，以便将来有机会安置万户，为母亲守墓。司马迁来到墓地一看，果然如此。司马迁评价汉初功臣将相，把萧何比作闳夭、散宜生（闳夭、散宜生都是西周开国功臣。闳夭，hóng yāo），把周勃比作伊尹、周公（伊尹，商初著名政治家，周公，西周初年政治家）。司马迁评价韩信时，说如果韩信能谦虚谨慎，他对于汉家的功劳，可比周公、召公、姜太公等人（召公，西周初年政治家；姜太公，西周初年军事家、政治家。召，shào）。这个评价相当高。为什么？因为韩信冲锋陷阵，为汉家打下半壁江山。

淮阴城中王孙蹭饭忍辱过胯下，南郑郊外萧何追韩信拜将分析楚汉形势

韩信，淮阴人。少时贫困，品行欠佳，没人推荐他为吏，又不事农耕工商，常到亭长（秦代基层行政官员，相当于现在的乡长）家蹭饭，亭长妻子都讨厌他。在城外钓鱼，接受漂母（在河边漂洗的老妇人）接济。淮阴屠户少年欺负他，他忍辱过胯下。这些细节显示出的报恩、忍辱负重性格，影响了韩信一生。

秦末大乱，韩信先后追随项梁、项羽、汉王，都不得重用。韩信犯法当斩。有十三人，都犯法当斩，依次受刑，轮到韩信，他仰头大呼："汉王不想成就天下大业吗？为什么要临战斩杀壮士！"滕公夏侯婴，觉得此人说话奇怪，样貌奇特，于是释放韩信。交谈后，夏侯婴觉得韩信是人才，就推荐给汉王。汉王让韩信做搜粟都尉，也没觉得他有什么特殊才能。

韩信曾与萧何交谈，萧何觉得韩信是个人才。汉王刚到南郑（今陕西汉中市南郑区）时，很多将领觉得跟随汉王没有前途，纷纷逃跑。萧何不追其他人，独独命人追回韩信，汉王表示不理解，萧何解释说："其他将领，都很容易得到，但像韩信这样的人才，天下无双。大王如果仅想做汉中王，就不需要韩信；要是想争天下，则非用韩信不可，除了韩信就再也没有第二个可以商量大事的。就看大王怎样决策了。"汉王说：

“我当然想走出汉中，向东发展。哪能郁郁寡欢，久居汉中？”萧何说：“大王想向东发展，能用韩信，他就会留下；不能用韩信，韩信终究还是要跑掉的。”在萧何的极力劝说下，汉王决定拜韩信为大将军，择吉日，沐浴斋戒，搭高台，举行拜将仪式。各位将领都满怀期待，以为汉王要拜自己为大将，等到举行仪式时，汉王居然拜韩信为大将，全军都大为吃惊。

拜将仪式后，汉王就座。汉王说：“萧丞相多次称道将军，将军有何见教？”韩信分析：“大王如今欲向东争夺天下，对手不是项羽吗？”汉王说：“是。”韩信说：“大王自己估计在勇敢、强悍、仁厚、兵力方面与项羽相比，谁强？”汉王沉默一会儿，说：“我不如项羽。”

韩信再拜，说：“我也这么想。我曾经侍奉项羽。项羽待人恭敬慈爱，言语温和，有人生病，他心疼流泪，把自己的饮食分给伤病员；有人立战功，该加官进爵，他却舍不得，他把大印棱角摩挲坏了，也不肯盖章，这是妇人之仁。项羽为人，震怒咆哮，不过匹夫之勇。项王称霸天下，诸侯臣服。但是，他放弃关中有利地形，建都彭城；又违背义帝约定，分封亲信为王，诸侯们都愤愤不平；他迁徙义帝到江南僻远之地，诸将都回去驱逐国君，占据好地方，自立为王；楚军所过之处，往往摧毁城池，杀人如麻。天下人人怨恨，百姓只不过迫于威势，勉强服从楚。项羽名义上是霸主，实际上却失天下民心，其优势很容易转化为劣势。如果大王能够反其道而行之，任用天下英勇善战人才，分封城邑给有功之臣，顺从将士们离开汉中东归的心愿，有什么不能攻克的呢？况且项羽分封的三王，原是秦军将领，率领秦地子弟作战数年，死去和逃跑者不可胜数，又欺骗部下，向项羽投降。到新安时，项羽活埋投降的秦军二十多万人，唯独三人活着回来，秦地父老兄弟，对他们恨之入骨。项羽凭恃威势，强行封三人为王，秦地百姓不爱戴他们。大王进入武关，秋毫无犯，废除秦朝严苛法令，与秦地百姓约法三章。秦地百姓都想要大王在秦地称王。根据诸侯约定，大王理当在关中做王，关中百姓人人皆知。大王本应为关中王，却被派到汉中为王，秦地百姓没有不遗憾的。如今大王发兵东进，发一道文书，就可以平定关中。”韩信分析了楚汉双方的政治条件、军事实力、战略动态，提出先夺取关中再向东发展的战略目标，是汉王统一天下的蓝图。汉王自然特别高兴，以为得到韩信太晚，就听从韩信的谋划，部署各路将领向东进击。汉元年（前206年）八月，汉王出兵，明修栈道，暗中经陈仓（今陕西宝鸡），向东挺进，平定了关中。汉二年（前205年），汉王兵出函谷关，收服魏王豹、河南王申阳，韩王成、殷王司马卬（áng）相继降汉。汉王又联合齐王、赵王，共同打击楚军。

拔魏赵定燕齐南摧楚军，使汉三分天下有其二

韩信的伟大功绩，就是在楚汉相争时，占据今天山西、河北、北京及山东广大地区，为汉家打下半壁江山，有力地支援了荥阳前线，同时又打败楚军在山东的力量。

汉二年（前205年）四月，汉军兵败彭城，溃散而回。韩信收集溃散人马，与汉王在荥阳会合，在京县、索亭（今河南荥阳附近）之间，又击败楚军，楚军始终不能西进。

韩信首战是安邑（今山西夏县）之战，打败魏国。因为汉王兵败彭城，三秦王叛汉降楚，齐和赵背叛汉，与楚和解。六月，魏王切断黄河渡口临晋关（今陕西大荔东），反汉，与楚订约讲和。汉王派郦生游说魏豹，未成功。

八月，汉王任命韩信为左丞相，攻打魏王豹。魏王驻兵蒲坂（今山西永济西的黄河东岸，隔河与临晋关相对），堵塞黄河渡口临晋关。韩信增设疑兵，排列战船，假装要在临晋关渡过黄河；却隐藏部队从夏阳（今陕西韩城西南）用木盆、木桶浮水渡河，偷袭安邑（魏国首都）。魏王豹惊慌失措，带领军队迎击韩信。韩信俘虏魏豹，平定魏地，改为河东郡。汉王派张耳和韩信领兵向东进发，向北攻赵和代。这年闰九月，打垮代军。在阏与（今山西省和顺县），生擒代国国相夏说（yuè）。这次战役后，汉王立刻调走韩信精兵，令其开往荥阳，抵御楚军。

韩信第二战是井陉（xíng）之战，攻下赵国。韩信和张耳率领几十万人马，想要突破井陉口，攻占赵国。赵王、成安君陈余，在井陉口聚集兵力，号称二十万大军。韩信领兵进入井陉狭道，离井陉口还有三十里，停下宿营。半夜传令出发，挑选两千名轻骑兵，每人拿一面红旗，从小道上山，在山上隐蔽起来，观察赵军。韩信告诫说：“交战时，赵军见我军败逃，一定会倾巢出动，追赶我军。你们火速冲进赵军营垒，拔掉赵军旗帜，竖起汉军红旗。”又让副将传令开饭，“今天打败赵军后会餐。”将领们将信将疑。韩信对军官们说：“赵军已先占据有利地形，筑造营垒。他们看不见我的大将旗帜，就不会攻打我军先锋，怕我们到险要地方退回去。”韩信于是派万人为先锋，背靠绵蔓河（今绵河），摆开战斗队列。这是背水布阵，兵家大忌。赵军远远望见，大笑不止。

天刚亮，韩信树起大将旗帜，伴随着战鼓声声，汉军开出井陉口。赵军打开营垒，迎战汉军，双方激战多时。韩信、张耳假装抛旗弃鼓，逃回河边阵地。河边汉军打开营门，放他们进去，然后再和赵军激战。赵军果然倾巢出动，争夺汉军旗鼓，追逐韩信、张耳。韩信进入河边阵地。两军激战，赵军不能取胜。这时，韩信预先派出的两千轻骑兵等到赵军倾巢出动去追逐韩信汉军时，火速冲进赵军空虚的营垒，全部拔掉赵军旗帜，竖立起汉军的两千面红旗。这时，赵军进不能取胜，又不能俘获韩信等人，等要退回营垒，发现营垒插满汉军红旗，大为震惊，以为汉军俘获赵王将领，军心大乱，落荒而逃。赵将诛杀逃兵，并不能阻止兵士逃跑。于是汉兵前后夹击，彻底击垮赵军，俘虏了大批人马，在泜（dǐ）水岸边，生擒赵王歇。

众将献上俘虏首级，向韩信祝贺，趁机向韩信提出疑问：背水列阵，不符合兵法，却取得了胜利，这是什么战术啊？韩信回答说："兵法上有这条，只是诸位没有留心。兵法上不是说'陷之死地而后生，置之亡地而后存'吗？况且我平素没有与诸位将士在一起作战。这就是所说的"驱赶乌合之众去打仗"，把将士们置于死地，使人人为自保而战；如果给他们留有生路，将士们就都跑了，怎么还能取胜呢？"将领们都很佩服韩信。

韩信第三战是不战而胜，胁迫燕国归汉。韩信虚心地请教广武军李左车下一步该怎么办："我要向北攻打燕国，向东讨伐齐国，怎么办才能成功呢？"李左车客气一番，说："败军之将，不可以言勇；亡国之大夫，不可以图存。我现在是你的俘虏，何足谈大事。"韩信表示："你是有大智慧之人，是成安君陈余不用你，错不在你。我诚心诚意听从你的意见，请你不要推辞。"李左车说："愚者千虑，必有一得。愿竭尽能力，谈谈愚见。将军过黄河，俘虏魏王，擒获夏说，一并攻下井陉，不到一个早晨就打败赵军二十余万，杀了成安君。名闻海内，威震天下。将军兵威强大，敌国人民闻风丧胆，朝不保夕，此为将军所长。但是士卒劳苦疲惫，很难快速投入新的战斗。现在将军想带领疲惫士兵，停留在燕国坚固的城墙下，如要攻打，恐怕时间过长，力量不足，不能攻克。旷日持久，粮食耗尽。如果弱小的燕国不肯降服，齐国一定会拒守边境，以图自强。如燕、齐坚持不肯降服，刘、项双方则胜负难分。攻燕伐齐是失策。善战者，应该用自己的长处攻击敌人的短处。”韩信称善。

韩信又询问具体办法。李左车说：“按兵不动，安定赵国社会秩序，抚恤阵亡将士遗孤。附近百姓每天送来牛肉酒食犒劳将士。摆出向北进攻燕国的姿态，然后派出说客，带上书信，显示自己的战略长处，燕国必不敢不听从。燕国顺从，再派说客往东劝降齐国。齐国就会闻风降服。这在兵法上叫作‘先虚张声势，而后采取实际行动’。”这是不战而屈人之兵的战略。韩信称赞，采用李左车的计策，派使者出使燕国，燕国果然立刻投降。

韩信派使者向汉王汇报，请汉王立张耳为赵王，镇抚赵国。汉王同意。楚国多次派奇兵渡过黄河攻击赵国。张耳和韩信往来救援，安定赵国城邑，调兵支援汉王。

汉王兵败成皋，向东渡过黄河，只有滕公夏侯婴相随，来到张耳军修武驻地，当晚住进客馆。次晨，汉王自称是汉王使臣，骑马奔入赵军营垒。韩信、张耳还未起床，汉王进入他们的卧室，夺取他们的印信和兵符，用军旗召集众将，更换他们的职务。韩信、张耳起床后，才知道汉王来了，大为震惊。汉王夺取了他们二人的军队，命令张耳防守赵地，任命韩信为国相，命他征集赵国士卒，去攻打齐国。

韩信第四战是潍（wéi）水之战，杀楚将龙且（jū）。韩信领兵向东进发，还没渡过平原津（今山东德州），听说汉王派郦食其（lì yì jī）已说服齐王田广归顺。韩信打算停止前进。范阳（今河北定兴）说客蒯（kuǎi）通，规劝韩信说："将军奉诏攻齐，汉王暗中派遣密使游说齐国投降。汉王有诏令让将军停下来吗？郦食其是读书人，摇唇鼓舌，就收服齐国七十多座城邑。将军率领数万大军，一年才攻克赵国五十多座城邑。为将多年，反而不如一个读书小子的功劳大吗？”韩信听计，率军渡河。齐王田广，本来听从郦食其的劝说降汉，留郦食其开怀畅饮，撤除防备。此时韩信趁机突袭齐在历下（今山东济南）的军队。韩信军队很快就打到首都临菑（今山东淄博。菑，zī）。田广认为，郦食其出卖自己，于是烹杀郦食其，逃往高密，派使者前往楚国求救。韩信平定临菑以后，向东追赶田广，一直追到高密城西。楚国也派龙且率领兵马（号称二十万），前来救援齐国。

齐王田广和龙且两支部队合兵，隔着潍水摆开阵势，韩信军在潍水西，齐楚联军在潍水东。韩信下令士兵连夜装满一万袋沙土，堵住潍水上游，带领一半军队渡过河去，攻打龙且，假装战败往回跑。龙且以为韩信胆小害怕，就渡过潍水追赶韩信。韩信下令挖开堵塞潍水的万袋沙子，河水汹涌，龙且军队一多半正在渡河，韩信立即回师猛烈反击，杀龙且。潍水东岸，未渡河的楚军见势四散逃跑，齐王田广也逃跑了。韩信遂追赶败兵，直到城阳，俘获全部楚军。

汉四年（前 203 年），韩信降服且平定齐国，派人向汉王上书，要求做假齐王（指代理齐王）。此时楚军正在荥阳，把汉王包围得水泄不通。韩信使者到来，汉王打开书信一看，勃然大怒，骂道："我在这被围困，日夜盼着你来帮助我，你却想自立为王！"张良、陈平暗中踩汉王的脚，凑近汉王耳朵说："目前汉军处境不利，怎能禁止韩信称王呢？不如趁机封他为王，好好待他，让他镇守齐国。不然，可能发生变乱。"汉王醒悟，又故意骂道："大丈夫平定诸侯，就做真王罢了，何必做假王呢？"就派张良前往齐地，封立韩信为齐王，征调他的军队攻打楚军。此时韩信与汉王的矛盾逐渐显现，为他日后的结局埋下了伏笔。

至此，韩信通过四场北方战役，为汉家打下了半壁江山，有力地支援了荥阳前线的汉王。

汉王被围困在固陵时，采用张良的计策，征召齐王韩信，于是韩信率领军队在垓下，与汉王会师。汉王能最终打败项羽，韩信、彭越、英布出力甚多。

假齐王、真齐王、楚王、淮阴侯，终被汉王、吕后诛灭

汉王一直不信任韩信。韩信每次打胜仗后，汉王就突袭夺取韩信军，发到荥阳前线。韩信定齐后，请

做假齐王，在张良、陈平劝说下，汉王封韩信为真齐王。汉四年（前 203 年）汉王用张良计，召齐王信会师垓下。汉五年（前 202 年），项羽已破，汉王徙齐王韩信为楚王，改封长子肥为齐王。汉六年（前 201 年），云梦之游，汉高祖突袭楚王，降韩信为淮阴侯。汉十年（前 197 年），韩信被萧何骗入宫，吕后派武士捆绑韩信，斩杀于长乐宫悬钟之室。

司马迁说："楚人迫我京索，而信拔魏、赵，定燕、齐，使汉三分天下有其二，以灭项籍"。这就是韩信对汉朝的贡献。司马迁认为，假设韩信能够学会谦恭退让，不夸耀自己的功劳，不恃才自傲，那他对汉朝的功劳就会像周公、召公、姜太公对周朝的功劳一样大。但他并没有这样做，反而在天下已经安定以后，才想起来谋反，最终被夷灭宗族，被灭族，不也是应该的吗？！言犹未尽，尽在不言中。

四、张良：运筹帷幄的汉家第一军师

汉五年（前 202 年），汉高祖刘邦在洛阳南宫设置酒宴，问诸将："大家照实说，项羽强大，为何失去天下？我为什么能得天下？”高起、王陵说：“陛下傲慢而欺负人。项羽仁慈而爱人。然而陛下让部下攻城略地后，就把土地分给将领，与天下同利。项羽妒贤嫉能，杀害有功者，怀疑贤明者。项羽打胜仗后，不给人记功，不分封土地。”高祖说：“诸公只知其一，不知其二。运筹帷幄之中，决胜千里之外，我不如张良；镇抚国家，安定百姓，供给军粮不绝于道，我不如萧何；联合百万之军，战必胜，攻必取，我不如韩信。这三人都是人中之杰，我能任用他们，这是我胜利的原因之一。项羽仅有一个范增，却不能信任他，这是项羽失败的原因。”诸将都点头称是。“汉初三杰”的帮助，确实是刘邦得天下的原因之一。

散家财、募勇士，博浪沙击中秦始皇副车

留侯张良，祖先是韩国人。祖、父先后为五代韩王的相，前后大约百年。后来秦灭韩，张良家有奴仆三百人。弟死，张良不厚葬，散尽家财求勇士谋刺秦王，为韩国报仇，可谓韩国忠臣。

张良在淮阳（今河南周口）学礼，见到仓海君（秦时东夷的一位君主）。他找到大力士，铸造一百二十

斤重的铁锤。秦始皇二十九年（前 218 年）秦始皇到东方巡游，张良与大力士在博浪沙（今河南原阳东南，旧有博浪城）袭击秦始皇，误中副车。秦始皇大怒，下令搜捕天下，捉拿刺客。

逃下邳，徜徉桥上，桥上老父赠《太公兵法》

于是张良改名换姓，逃到下邳（今江苏睢宁），躲藏起来。闲暇时，张良徜徉于下邳桥上，有位穿粗布衣裳的老者，屡次让张良给自己捡鞋、穿鞋，考验张良的耐心和容忍心，后来赠送给张良一部书，说："读此书，可以为帝王之师傅，十年后就会发迹。十三年后你到济北见我，谷城山下（今山东东阿东北）黄石就是我。"这部书就是《太公兵法》，张良于是时常学习诵读《太公兵法》。

张良在下邳行侠仗义。项伯杀人，张良把他隐藏起来。陈胜首先发难，张良聚集百余青年响应。不久，张良就追随沛公，多次根据《太公兵法》向沛公献计。沛公很赏识他，经常采用其计。张良对别人讲，别人都不能领悟，只有沛公能懂。张良说："沛公大概是上天授予人间的。"后来张良又劝项梁立韩成为韩王，张良为申徒即司徒，在颍川（今河南中部）附近游击作战，攻下韩地十余座城邑。

十三条计谋助汉王兴起

张良给沛公提出过很多计谋，关系到国家兴亡者有十来条。

第一条计谋是利诱秦将，打击秦兵。沛公让韩王成留守阳翟（今河南禹州，翟，dí），自己和张良南下攻打宛（今河南南阳），向西进入武关（今陕西西丹凤）。沛公想用两万兵强攻秦峣关（今陕西蓝田，峣，yáo）驻军。张良出计，让沛公暂且留守军营，派先锋五万人，预备食物，在各个山头上多挂旗帜，作为疑兵，叫郦食其带贵重宝物，利诱秦军将领。秦将果然背叛秦朝。趁秦兵懈怠时，沛公攻打秦兵，追击败军到蓝田。第二次交战，秦兵终于崩溃。沛公于是到达咸阳，秦王子婴投降了沛公。

第二计，劝沛公不要滞留秦宫。沛公进入秦宫后，宫室、帐幕、狗马、贵重宝物、美女数以千计。沛公想留下来。樊哙劝谏沛公出宫居住，沛公不听。张良说："秦暴虐无道，沛公才能够来到这里。替天下铲除暴政，应该以清廉朴素为本，现在刚入秦都，您就安享其乐，这正是助桀为虐。况且忠言逆耳利于行，良药苦口利于病。希望沛公您能够听取樊哙的意见。”沛公这才返回驻扎在霸上。

第三计，项羽来到鸿门下，要攻打沛公。项伯连夜赶到沛公军营，私下里会见张良，想让张良跟他一起离开。张良将情况告诉沛公。张良坚决邀请项伯见沛公。沛公与项伯同饮，并为他祝寿，同时结为亲家，让项伯向项羽详细说明沛公不敢背叛项羽。沛公封锁函谷关，是为了防备其他人入关。后来，沛公见项羽，双方和解。

第四计，请项伯向项羽要汉中，封沛公为汉王。汉元年（前 206 年）正月，项羽封沛公为汉王，统治巴蜀（今四川、重庆一带）。张良厚赠项伯，让项伯代汉王向项羽请求汉中。项羽应允，汉王得到汉中。汉王到封国去，张良送到褒中（今陕西汉中），劝告汉王，沿途所过要烧断栈道，表示不再东归，稳住项羽。汉王便让张良返回韩国。汉王行进途中，烧断了沿途所经过的栈道。张良向项羽解释：“汉王烧断栈道，已经没有东归之心。”张良顺便报告项羽，东方齐王田荣反叛，使项羽不再担忧汉王，发兵北上攻打齐国。

第五计，建议分封齐、梁给韩信、彭越，争取他们支持汉王。项羽杀韩王成，张良逃跑，抄小路投奔汉王，汉王封张良为成信侯，东征楚国。汉军兵败彭城。到下邑（今安徽砀山）时，汉王倚着马鞍问道："我打算舍弃函谷关以东作为封赏，谁能够同我打天下？"张良建议说："九江王黥（qíng）布是楚军猛将，同项羽有隔阂；彭越与齐王田荣在梁地反楚。可以用这两个人。汉王将领中，韩信可以托付大事，独当一面。把这些地区分封给这三个人，楚军必败。"汉王于是派随何去游说九江王黥布，又派人去联络彭越。派韩信率兵攻魏，乘势攻占燕、代、齐、赵等国。汉军最终击溃楚军，依靠的正是这三个人的力量。

第六计，楚汉相争于荥阳，郦食其给汉王出主意，提出立六国后为王，如果他们归汉，项羽也将归汉。汉王称善，让人赶紧刻印，让郦食其去办这事。张良从外归来，给汉王一一分析不可立六国的原因。汉王最终放弃了这个计划。

第七计，汉四年（前 203 年），韩信攻下齐地，想自立为齐王，汉王大怒。张良、陈平劝说汉王，汉王才派张良授予韩信“齐王信”的印信。

第八计，当年九月，楚汉讲和，划定以鸿沟为界，以东归楚，以西归汉。项羽信以为真，撤军东归。张良陈平给汉王出主意，违背盟约，立刻率兵追击楚军，到阳夏南（今河南太康），战事失利，汉军坚守固陵（今河南太康南）。韩信、彭越等诸侯，原本已约好前来，然而一个都没来。张良向汉王献计，汉王采用了他的计策后，诸侯果然都来了。

张良多病，不曾独立带兵作战，一直作为出谋划策的臣子，时时跟随汉王。

汉六年（前201年）正月，汉高祖封赏功臣。张良未有战功，高祖却说：“出谋划策于营帐之中，决定胜负在千里之外，这就是子房（张良的字）的功劳。让张良从齐地挑选三万户作为封邑。”张良说：“当初我在下邳起事，与大王会合在留县（今江苏沛县东南），这是上天把我交给陛下。陛下采用我的计谋，幸而时常成功，我愿只封留县就足够了，不敢承受三万户封邑。”于是汉高祖封张良为留侯，食邑万户，同萧何等人一起受封。

第九计，消弥功臣们潜在的反叛风险。汉六年，高祖已大封功臣二十多人，其余的人日夜争功，醉酒歌呼，拔剑击柱，朝廷中，相关官员，如丞相、御史大夫等，不能确定功臣们功劳的高下大小，也不知道现有土地是否够分封使用的，所以，还有不少功臣未能受到封赏。高祖在洛阳南宫，远远望见一些将领，坐在沙地上，议论纷纷。高祖不明白，问张良："他们在说什么？"张良说："陛下不知道吗？他们在谋反。"高祖说："天下已经安定，他们为什么要谋反？"张良解释道："陛下出身布衣，靠这些人取得天下，现在陛下做了天子，封赏的都是萧何、曹参等故人老友，所诛杀的都是你平时痛恨的人。如今，军官们计算功劳，认为现有的土地不够封赏功臣的。这些人怕陛下不能尽封，又怕被怀疑遭受诛杀，就聚在一起图谋造反。"高祖忧心忡忡，说："怎么办才好？"留侯张良说："陛下平时最憎恨且大家都知道这点的，是谁？"高祖说："雍齿和我是老相识，有交情。可他多次羞辱我，我早想杀他，正因他功多，不忍心杀他。"留侯说："现在赶紧封雍齿为侯，给群臣看看，做个样板。群臣看到雍齿都被封为侯，则人人都会放心，不会出乱子。"高祖照计行事，大摆酒席，封雍齿为什邡侯。什邡地在今四川绵阳。催促丞相、御史赶紧计算好各功臣的功劳高低、大小，划出土地人民，分封功臣。群臣吃过酒后，都很放心，说："雍齿都被分封为侯，我们不用担心了。"

第十计，附议刘敬都关中之议。刘敬劝告高祖说："以关中为都城。"高祖对此心有疑虑。高祖左右大臣都是关东人，多数劝高祖定都洛阳，说："洛阳东有成皋，西有崤山、渑（miǎn）池，背靠黄河，面向伊水、洛水，地形险要，城郭坚固，足可依靠。"张良说："洛阳险固，但中间境域狭小，方圆几百里，土地贫瘠，四面受敌，非用武之地。关中东有崤山、函谷关，西有陇山、岷山。土地肥沃，方圆千里。南有巴、蜀之富饶，北有利于放牧的胡苑，依靠三面险阻来固守，只用东面控制诸侯。如果天下安定，可由黄河、渭河运输天下粮食供给长安。如果天下有变，可顺流而下，运送物资。这正是所谓'金城千里，天府之国'，刘敬的建议是对的。"于是高帝当即决定起驾，往西定都关中。

留侯跟随高帝入关。他体弱多病，便施行道引之术，不食五谷，闭门不出有一年多。

第十一计，为吕后设计召商山四位隐士，帮助太子。汉高祖早就想废掉太子刘盈，立戚夫人之子赵王如意为太子。大臣进谏劝阻，不能改变高祖想法。吕后很惊恐，就派他兄弟建成侯吕泽胁迫留侯，为太子出主意。留侯说："父子骨肉之间很难用口舌来争辩。你们要不吝惜金玉璧帛，让太子写信，言辞谦恭，并预备安车（安车，古代可以坐乘的车子，供年老的高级官员及贵妇人乘坐），再派有口才的人去到山里，坚决聘请，请商山四老来朝廷当贵宾。让他们时常跟着太子入朝，让皇帝知道这四人贤能，能够帮助太子。"吕后依计而行。汉高祖最终没有更换太子，完全是张良召来商山四位老人，发挥作用。

第十二计，张良跟随汉高祖进攻代国，在马邑（今山西朔州）城下出妙计。

第十三计，张良劝汉高祖立萧何为相国。

张良的计谋不止这些，以上只是最著名的。张良平时跟随汉高祖谈论过很多天下事，司马迁只记载了那些关系到国家存亡的大事，其他的都没有记载。

汉高祖肯定张良出谋划策的作用。司马迁说，我本以为张良高大威武，等见到其画像，发现其相貌像个美丽的女子。无知名，无勇功，于困难处把事情往简单处做，于细微处提出重要建议，这就是张良的功劳。后世多肯定张良为“汉初三杰”之冠。

五、萧何：留守后方、供应前线的相国

汉五年（前202年），汉高祖对诸将说：“镇抚国家，安定百姓，供给军粮不绝于道，我不如萧何。”其实，萧何对汉朝的功劳，远不止以上几点。相国萧何及其继任者曹参（cān）、陈平，在汉初实行清静无为、与民休息的基本国策，使百姓得以休养生息，专心从事农耕，衣食富足。

萧何，沛县丰邑（今江苏丰县）人。他通晓法律，无人能比，是沛县县令手下的小吏。刘邦还是平民时，萧何曾多次保护他。刘邦当亭长时，萧何经常帮他。刘邦到咸阳服徭役，同事都赠送盘费，其中萧何送得最多。萧何办公事，井井有条，公务考核中名列第一。秦朝御史打算入朝向朝廷进言征调萧何，萧何坚决辞谢，才没有被调走。刘邦做沛公时，萧何经常作为他的助手，督办公务。

收秦图书，使汉具知天下厄塞户口

沛公进入咸阳后，将领们争先恐后地奔向国家府库，分取金帛财物。唯独萧何进入秦丞相府、御史府，收取两府中的法律条文、地理图册、户籍档案等文献资料，珍藏起来。后来，沛公当汉王后，任命萧何为丞相。项羽和诸侯军队进入咸阳后，烧杀抢掠一番就离去。汉王之所以能够详尽了解天下险关要塞，户口多少，各地兵马强弱、民众疾苦等，都是因为萧何完好地收集保存了秦朝的文献档案。

劝刘邦王汉中，收用巴蜀还定三秦

当初，楚怀王与诸将相约："先入关破秦者王其地。"既然刘邦率先破秦平定关中，理应在关中称王。而项羽后到，封刘邦为汉王，使其在巴蜀称王。项羽三分关中地，封秦三降将为王，抵御汉王。汉王大怒，欲谋攻项羽，周勃、灌婴、樊哙，都推波助澜。只有萧何劝刘邦："今我力量不及项羽，百战百败。称王汉中，还好不死，而且古语中有，'天汉'之说，今地之有汉，若天之有河汉（指银河），此美名啊。愿大王称王汉中，让百姓休养生息，招纳贤人，收复巴蜀，征用其财赋人民，返身平定三秦，可图谋统一天下的大业。”萧何向汉王推荐韩信，汉王任命韩信为大将军，韩信分析天下形势，攻取方略，刘邦大为高兴，还以为得到韩信太晚。

劝刘邦称王汉中和推荐韩信为大将，是汉初开国的两件大事，对汉王的发展具有重要作用。

汉之得名，源于汉中、汉水、天汉。汉水是长江上游支流。天汉的本意，是天上的银河。颜师古说：“天汉，河汉也。”河汉就是天上的银河。《小雅·大东》“维天有汉，监亦有光。”古人以横亘太空的天河方之中华九州，认为流经中原腹心地区的汉水就是天上的银河，即“地之有汉，若天之有河汉”。萧何引用“天汉”一词，是为了说明天命归汉，寓意吉祥，促使刘邦去汉中，先占地理优势，求得发展。河汉美名，并非萧何杜撰，而是古人的信仰。臣瓒说：“流俗语云‘天汉’，其言常以汉配天，此美名也。”就说明了其中奥妙。沛公能顺利到汉中当汉王，得益于萧何引用古语对沛公的劝说。

留守巴蜀治理关中，用财富人力支援前线

汉王领兵东进，平定三秦，任命萧何为丞相，留守治理巴蜀，安抚民众，发布政令，供给军队粮草。

汉二年（前 205 年），汉王与各路诸侯攻打楚军，萧何负责守卫关中，侍奉太子，治理栎阳（汉王都城，今陕西临潼，栎，yuè）。萧何制定法令、规章，建立宗庙、社稷、宫室、县邑。在关中萧何管理户籍人口，征集粮草运送给前方军队。汉王多次弃军败逃，萧何常常征发关中士卒补充军队的缺额。汉王因此专门委任萧何处理关中政事。

功居第一，位次第一

汉五年（前 202 年）平定天下，论功行赏。群臣争功，一年未定高下。高祖认为，萧何功劳，最为显赫，封他为酂侯，[1] 给予八千户当食邑。功臣们表示不服："我们身披战甲，手执兵器，亲身参加战斗，多的身经百战，少的交锋十回合，攻占城池，夺取地盘，都建立大小不等的战功。萧何无汗马功劳，舞文弄墨，发发议论，不参加战斗，封赏倒反在我们之上，为什

[1] 萧何封地为酂县，王先谦说，萧何先封为沛郡之酂县，后封南阳之酂。前者，酂县故城在今河南永城县之酂侯乡，现存城址东西长八百米，南北宽六百米，城墙残高六米，墙基宽三十五米，顶宽五米，四城角保存完好。（韩兆琦《史记笺证》第 3445 页，江西人民出版社）而南阳郡之酂县，地在今湖北老河口。

么？”高祖说：“诸位不过像猎狗，萧何则发现野兽踪迹，指示猎狗猎取目标，功劳如同猎人。再说，诸位只是个人追随我，多的不过一家两三人。萧何让自己宗族几十人，都来追随我打天下，我不能忘记萧何的功劳。”群臣都不敢再言语。

评定功臣朝班的位次时，群臣都说：“平阳侯曹参身受七十处创伤，攻城夺地，功劳最多，应该排在第一位。”高祖已经委屈功臣们，给予萧何更多封户，到评定位次时，就没反驳大家，但心里还是想把萧何排在第一位。关内侯鄂千秋进言道：“楚汉相持五年，大王常常丢掉军队，士卒逃散，只身逃走就有好几次。萧何常从关中派遣军队，补充前线，这些都不是大王下令让他做的。数万士卒开赴前线时，正值大王危急时刻，这种情况，已经有很多次了。楚汉争荥阳时，军无现粮，萧何从关中，用车船运来粮食，供给军粮，使军粮从不匮乏。陛下虽然多次失掉崤山以东，但萧何一直保全关中，等待着陛下，这是万世不朽的功勋啊。萧何应该排第一位，曹参居次。”高祖说：“好。”于是便确定萧何为第一位，特恩许他带剑、穿鞋上殿，上朝时可以不必遵循小步快走的礼仪。

萧何父子兄弟十多人，都封有食邑。后又益封萧何两千户，作为刘邦到咸阳服徭役时，萧何多送盘费的报答。后来，萧何后代，几次犯法失侯，汉景帝和汉武帝，都大力表彰萧何为高祖大功臣，予以续封。

恭谨小心

萧何一生小心谨慎。萧何留守关中、镇抚巴蜀时，萧何总是禀报汉王，得到汉王同意准许后，才施行政事；如果来不及禀报汉王，有些事就酌情处理，等汉王回来后再向他汇报。

汉三年（前 204 年），汉王与项羽对峙于京县、索城之间，汉王派人慰问丞相劳苦。为解除汉王的疑心，萧何派子孙兄弟中，能扛动兵器的青少年，都到前线军营中效力。

汉十一年（前 196 年），赵国相陈豨（xī）反叛，高祖亲自率军到邯郸。吕后采用萧何的计策，杀淮阴侯韩信。高祖派人拜萧何为相国，又用五百人的卫队，守卫萧何。为了解除汉高祖的疑心，接受门客的建议，萧何辞让封赏不受，把家产、资财，全都捐助军队。

汉十二年（前 195 年），他又多买田地，低价强买民众田宅数千万钱，自己污损名声。萧何又为长安民，请求汉高祖开放上林苑，给长安人民耕种。汉皇帝大怒，把他下到廷尉监狱。幸亏未央宫王卫尉说情，汉高祖释放萧何，萧何才出狱。

临终推荐曹参为相国

萧何一向跟曹参不和睦。惠帝二年（前 193 年）萧何病重，惠帝亲自去探视相国病情，趁机问道："萧相国百年之后，谁可以接替您呢？"萧何推荐曹参为相国。曹参先为齐王相。齐有七十余城，曹参向学者盖（gě）公请教如何治理。盖公主张，治国之道，贵在清静无为，让百姓自行安定，不必烦扰百姓。曹参采用了盖公的主张，为齐相九年，齐国安定，被称为贤相。惠帝二年，萧何推荐曹参为相，政策无所变更，全部遵守萧何所订制度，延续汉朝清静无为、与民休息的政策，天下称曹参为贤相，百姓得以休养生息，做歌谣歌颂萧何、曹参。

司马迁认为，秦朝时，萧何就是下层文职小吏，平平常常，没有什么惊人的作为。汉朝兴起后，仰仗高祖和吕后的光辉，萧何谨守职责，根据民众痛恨秦朝严苛法律的意愿，顺应历史潮流，给他们除旧布新。韩信、黥布等都已被诛灭，萧何的功勋，更显得光辉灿烂。萧何的地位，为群臣之冠，声望延及后世，能够跟闳夭、散宜生等人相媲美争辉。

六、陈平：汉朝第二谋臣和贤相

壮硕白皙陈平娶富家女

陈平，秦朝阳武县户牖乡库上里（今河南原阳。牖，yǒu）人。少时家贫，父母去世，他与哥嫂共居。他们有田 30 亩（相当于今天 21 亩地），假设亩产一石（一石相当于 27 斤）一年收获 810 斤，不够交税，更不够口粮，经常吃糠咽菜。陈平的大哥在家耕地，不让陈平耕田种地。陈平好学，跟老先生学习黄帝、老子之术。陈平长得壮硕又白皙，身高大概 1 米 84。别人问他“你们家这么贫困，你吃了什么好饭食，长得这么高大？”嫂子恨他不事生产，就说：“没有吃什么好茶饭，吃糠咽菜而已。有这样的小叔，不如没有。”陈平大哥一时气愤，把妻子赶走。

陈平十六七岁时，到了结婚年龄。家贫，富人不肯嫁女，陈平又不肯娶贫家女。户牖乡富人张负的孙女，结婚五次，五次死丈夫，没人敢再娶她，这时二十多岁。陈平不信克夫一说，对此妇志在必得。县里有人家办丧事，陈平给丧家帮忙，早去晚归，得些报酬补贴家用。张负在丧家见陈平身高、貌美，心里高兴，就注意到陈平。陈平借故晚走，张负跟随着陈平，来到陈平村，发现陈平住在村边穷巷子里，家里穷得不行，竟然用破草席子当门。但是，陈平家门外都是长者车辙。长者，有道德、有才干的人，社会名流，或豪杰之士。长者车辙，就是地位较高人士的车辙。这说明，跟陈平交往的人，都不一般。张负回家，跟儿子张仲说："我想把孙女嫁给陈平。"张仲说："陈平不事生产，不做生意，穷成那样，还到外面求学，全县谁不笑话他？怎能把女儿嫁给他？"张负说："你见过哪个人长得高大俊美反而一辈子都贫贱吗？陈平将来必有大作为。"最终，张负把孙女嫁给陈平。张负还借钱给陈平，让陈平来下聘礼。又给陈平钱财，让他办婚宴。张负还告诫她孙女："陈平家贫，但要谨慎对待大哥大嫂。对待大哥像对待父亲一样，对待大嫂像对待母亲一样。"陈平娶张负孙女，得到很多钱财，手头宽裕，和长者交往越来越多。

学黄老，分祭肉，志在主宰天下

陈平年轻时，好黄帝老子之术。里中祭祀土地神，有贡品，如猪、牛、羊等。土地神只是享受肉香味儿，真正享受肉食的，是参加祭祀的人。陈平做主持割祭肉的人，他把祭肉，切成小块，均匀分配。父老乡亲们都说："好，陈家小子真会分割祭肉！"陈平说："唉，假使让我陈平主宰天下，我会像分祭肉一样公平。"

弃项王，奔汉王，周勃诋毁，汉王信任

秦末，陈平先后投奔魏王和项羽。陈平怕被项羽杀，包好项羽赏给他的黄金和官印，派人送还项羽，仗剑抄小路逃走。渡河时，船夫见他一介美男子独行，怀疑他是逃亡将领，腰中会藏有金玉宝器，盯着陈平看，想杀他。陈平害怕，就解开衣服，赤身裸体，帮船夫撑船。船夫看到他身上一无所有，才没有下手。

汉二年，陈平到修武投降汉军，通过魏无知求见汉王。汉王任命陈平为都尉，让他做参乘，监察诸将。众将喧哗："陈平刚来，还不知道他本领高低，就与大

王同乘一辆车，反让他监督我们这些老将！”汉王听到议论，更加宠幸陈平。汉王于是带着陈平，往东讨伐项羽。汉军兵败彭城。汉王领兵返回,一路上收集散兵，到达荥阳，任命陈平为副将，隶属于韩王信，驻扎在广武(今荥阳东北)。

周勃、灌婴等，都诋毁陈平，说:“陈平是美男子，徒有其表，没真本事。我们听说，陈平在家时，品行不好。监督诸将，接受将领们钱财，给他钱多者，派到好地方驻守,给他钱少者,派到不好地方驻守。陈平，乃反复无常的作乱奸臣，希望大王明察。”汉王怀疑陈平，于是责备魏无知。魏无知说:“我推荐能人，大王现在怀疑他的品行。品行再好，无益战争取胜，有何用处？楚汉相争，我推荐奇谋之士，只看他的计谋是否有利于取胜。”汉王又召陈平上前，责备陈平:“先生事魏不见容，又事楚霸王，现在又离开楚霸王，追随我，到底值得信任吗？”陈平解释说:“魏王不信任我；项羽信任的，不是项氏宗族，就是妻家兄弟，所以我先后离开魏王、项王。听说汉王能够用人，特来归附大王。我空身来投奔，不接受钱财，就没有办事的费用。如我的计谋确有值得采纳的，希望大王采用；

若没有值得采用的，钱财都还在，请允许我封好送回官府，辞职回家。”汉王于是向陈平道歉，赏赐陈平更加丰厚，任命他为护军中尉，监督全体将领。将领们才不再敢说什么闲话。

楚汉战争中，刘邦一度百战百败。陈平给汉王六出奇计，助汉王得天下。

第一计，使用黄金和手段，离间项王君臣，使项王不信任钟离眛、气死范增。

楚军围困汉王于荥阳城，汉军粮草不济。汉王忧虑，请求割让荥阳以西讲和。项羽不同意。汉王对陈平说：“天下如此纷乱，什么时候才能安定呢？”陈平说：“项王为人谦恭有礼爱护人，清廉有节操、喜欢礼仪的士人多归附他。可论功行赏、授爵封邑时，却爱惜爵邑，不舍得分封功臣，因此士人又不愿归附他。大王傲慢又缺乏礼仪，却舍得给人爵位、食邑，没有骨气、好利无耻之徒多归汉王。如果你们都能去掉自身短处，拥有双方长处，那么天下挥手可定。但是大王喜欢随意侮辱人，不能招徕节操清廉的士人。不过项羽楚军也有可以扰乱的地方。项羽那里，正直刚烈之臣只有亚父范增、钟离眛（钟离眛，楚军大将，姓钟离，名眛）、龙且、周殷等几个人。大王如果舍得拿出几万斤黄金，施行反间计，离间楚国君臣，让他们互生怀疑之心。项王为人猜忌多疑，听信谗言，他们内部，一定会互相残杀。汉军可趁机发兵攻打他们，定能击败楚军。”汉王认为陈平说得对，于是拿出黄金四万斤，给陈平。听凭他使用，不问如何支出。

陈平用很多黄金，在楚军中，进行离间活动。陈平在众将中扬言，钟离昧等人作为项羽的将领功劳很多，但项王始终不肯割地分封他们为王。他们打算跟汉王联合，消灭项羽，瓜分楚地，各自为王。项羽果然猜疑诸将，不再信任钟离昧等人。

项王派遣使者，到汉军打探消息。汉王备下丰盛酒宴，命人端进来。见到楚王的使者，汉王佯装吃惊地说：“我还以为是亚父的使者，原来竟是楚王的使者！”又让人把酒端走，换上粗劣饭菜，端给楚使。楚使回去后，如实把这些情况报告项王。项羽果然怀疑亚父与汉王有私交。亚父范增想急速攻下荥阳城，项羽不信任他，不肯听从。范增闻知项羽在怀疑自己，就生气地说：“天下大事已定，大王好自为之！我告老还乡！”还未走到彭城，背上毒疮发作而死。

第二计，夜出二千妇女，解荥阳之困。

荥阳被围，陈平献计，夜里让两千名妇女穿上盔甲假扮汉王士兵，出荥阳城东门。楚军向荥阳城东门发起攻击，而陈平与汉王从荥阳西门逃离。天亮后，纪信假扮汉王，乘车出荥阳城东门，项羽发觉，大怒，令士兵火烧纪信车。汉王随即进入关中，收集败散士兵，再次东进。

第三计，提醒高祖立韩信为齐王。

汉四年，韩信攻下齐地，派使者来跟汉王说："齐人伪诈多变，反复无常。齐地，南与楚接壤，不立假齐王来镇服齐地，齐地形势不稳，希望大王立我为假齐王，稳定齐地。"当时项羽派大军包围荥阳，汉王形势危急。于是刘邦大怒，骂道："我在此受困，望眼欲穿，等你来辅佐我、救我，你不来救我，反而要求立为假齐王！"齐国七十余城，地方广大，不立韩信为王，确实不能保证齐为汉所有。因此，张良、陈平踩刘邦脚，凑近汉王耳朵，轻轻说："现在大汉正处不利，难道能阻止韩信立为齐王？不如顺势立韩信为齐王，善待他，让韩信自守齐地。不然，会发生大变故。"汉王如梦初醒，又骂道："大丈夫，平定天下，当为真王，何必做假王！”于是派张良去齐地，立韩信为齐王。

第四计，设计云梦游，拘捕淮阴侯。

汉王灭掉项羽后，改封韩信为楚王。汉六年（前201年），有人上书告发楚王韩信谋反，诸将都说要赶紧发兵，攻打韩信。高祖默默不语。陈平分析，汉兵不如楚王韩信兵精，汉将不及楚王韩信，如果发兵攻楚，是促使楚王韩信与朝廷交战。这是硬碰硬，汉不见得有胜算。高祖说：“怎么办？”陈平出计：“古时天子巡察各地，会见诸侯。南方有云梦泽（古代湖泊群总称，在今湖北），陛下假装出游云梦，在陈县（今河南淮阳）会见诸侯。陈县，楚国西部边界。韩信听说天子出游，看到情势无事，肯定会到郊外迎接拜见陛下。拜见时，陛下趁机将他拿下，一位力士就够了。”高帝觉得，这主意不错，派使者告知各诸侯到陈县朝见，说“我将南游云梦泽”。

汉高祖随即出发，尚未到达陈县，见楚王韩信，果然在郊外路上迎接汉王。高祖预先准备好武士，见韩信来了，立即将他拿下，捆绑起来，装在副车中。韩信喊道：“狡兔死，走狗烹；高鸟尽，良弓藏。天下已定，我辈就被烹杀！”高祖回头对韩信说：“你甭喊叫！

你谋反，是明摆着的事。”武士把韩信双手，反绑在后。高祖在陈县，会见诸侯，平定楚地。回到洛阳后，高祖赦免韩信，降他为淮阴侯，并且与各位功臣剖符定封。

第五计，贿赂匈奴单于妻子，解白登之围。

汉六年（前 201 年），陈平跟高祖行军到平城（今山西大同）时，被匈奴围困，七日不得食。高祖采用陈平的妙计，派人找单于（匈奴首领。单，chán）的阏氏（单于的妻子，yān zhī）去疏通，才得以解围。高祖脱身后，陈平计策始终秘而不宣，世间没人得知内情。

陈平之计，到底是什么？桓谭《新论》推测，陈平见单于妻子阏氏，说汉有美女，天下无双。现在汉王危急，已派使者迎接，想献给单于。单于一见，必定喜爱她。您就会被单于疏远。不如趁汉朝美女未到，让汉王脱身。汉王一旦脱身，就不会送美女来。

应劭在《新论》基础上，又描述得有声有色。陈平之计，大概是这样的。陈平让画工画美女，找机会送给阏氏，说：汉有美女，现在汉皇帝遭受困厄，想把这位美女献给单于。阏氏害怕汉朝美女夺宠，就对单于说：汉天子也受神灵保护，你就算得到汉朝的土地、城池，也不能占据。于是匈奴单于，打开包围圈一角，汉王及士卒，才突破重围。

第六计，“当在从击臧荼、陈豨、黥布时，史传无文。”[1]

封为曲逆侯，食邑五千户

高祖在灭项中，陆续给功臣封赏食邑。最初，封陈平为户牖侯，食邑不断增加。汉六年，高祖从平城返回途中，路过曲逆（今河北顺平东南，有曲逆河），高祖登上城楼，望见县城房屋很大，说道：“这个县城好壮观！我行遍天下，只见到洛阳和曲逆是这样。”回头问御史说，“曲逆户口多少？”御史回答说：“当初秦朝时有三万多户，中间连年战乱，很多人逃亡藏匿，如今现存五千户。”于是高祖命令御史，改封陈平为曲逆侯，尽享全县民户的赋税收入，取消之前所封的户牖乡封户。

司马迁说：“六奇既用，诸侯宾从于汉。”陈平共有六次奇计，每次都增加封邑，一共增加六次。奇计有的隐秘，时人不得而知。

[1] 凌稚隆说：“平出奇计不只六也，嗣后因哙致上，使上自诛，一；帝崩，驰至宫，哭甚哀，二；佯不治宰相事，饮酒戏妇女，三；吕后欲王诸吕，平伪听之，四；吕后崩，平与勃合谋诛诸吕，立文帝，五；既诛诸吕，以右丞相让勃，不居功，六。前六计者佐高帝定天下，而后六计则事太后以自全耳。总之了结魏无知称‘奇谋之士’一句案。”

周勃、陈平将相和睦，平定诸吕

惠帝六年（前 189 年），相国曹参去世，任命安国侯王陵为右丞相，陈平为左丞相。

惠帝去世后，太子即位为皇帝。但是吕后掌握权力，“号令一出太后，太后称制”，皇帝之命曰制。吕太后发布国家政令，意思即吕后为皇帝。吕后想立吕家人为王，询问右丞相王陵，王陵说：“高帝杀白马，与群臣立下盟誓说‘非功臣不得封侯，非刘氏不得封王，否则天下共击之’，现在如果立诸吕为王，违背高帝与群臣的约定。”太后非常不高兴。吕后转而问左丞相陈平、绛侯周勃。周勃、陈平假装同意，说：“高帝定天下，封子弟为王；现在太后称帝，封昆弟诸吕为王，无所不可。”太后大喜，结束朝会。退朝后，王陵责备陈平、周勃：“当初群臣与高皇帝盟誓，诸君都不在场吗？现在高帝去世，太后女主，欲让诸吕封王，诸君想违背与高帝的誓言，曲意逢迎高后，百年后，你们有何面目见高帝？”陈平、绛侯说“今天，面折廷争，我等不如你；保全社稷，安定刘氏后人，你也不如我们。”十一月，吕后于是假意提升王陵为太傅，实际上不用王陵，夺其相权。王陵怒，托病辞官，杜门不出，甚至不朝请（汉律，诸侯春朝皇帝叫朝，秋朝叫请。后来泛指朝见），七年而卒。

吕后调陈平为右丞相，辟阳侯审食其为左丞相。惠帝居未央宫，吕后居长乐宫。丞相应当在未央宫办公，但是，吕后信任左丞相，左丞相不在未央宫办公，常在吕后长乐宫中处理政务，并且住在长乐宫中，百官诸事只能听凭辟阳侯审食其决断。因为汉高祖兵败彭城后，项羽扣压太上皇、吕后为人质。审食其是刘邦的舍人，他以舍人身份侍奉吕后，后来跟从汉王打败项羽，受封为辟阳侯，侯国地在今山东淄博附近。因此审食其受到吕后的宠幸。

吕后有兄二人，皆为将军。长兄周吕侯吕泽，高祖八年卒。吕后封其子吕台为郦侯，子吕产为交侯。次兄吕释之为建成侯。后来，吕后封吕台为吕王，后徙为梁王，吕释之次子吕禄为赵王，封吕产为吕王。此外，吕后家族中，还有很多人被封为侯。而刘邦的几位子侄，赵王友、梁王恢、燕王泽，都由吕后安排吕家女儿或外孙女为妻子。诸吕擅权，危刘氏。

陈平为自保，不与审食其争权，不理政务，每天饮美酒，戏妇女。吕后妹妹吕媭数次批评陈平“为丞相不治事，日饮醇酒、戏妇女”，确实是实情。陈平知道吕媭的批评，继续不理政事，饮酒作乐。吕后出于私人目的，不仅不批评陈平，反而支持陈平，说：“不必顾及小儿妇人之言，就看爱卿与我如何看待此事，不要畏惧吕媭之谗言。”

右丞相陈平非常担心局势，可是又恐引火烧身，常常忧心忡忡。陆贾到陈平甲第拜访他，直接进入大殿，坐到座位上，陈平正在深思。陆贾说：“陈丞相在忧虑什么？”陈平说：“陆先生，你猜一猜。”陆贾说：“足下位为上相，食三万户侯，可谓富贵无极啊。但是丞相有忧心之事，不过是担忧诸吕危刘氏。”陈平说：“确实如此。怎么办？”陆贾说：“天下安，注意相；天下危，注意将。将相和谐，士大夫都归附朝廷。士大夫都团结，即使有动乱，那么国家大权不分。为国家社稷考虑，当今局势，掌握在丞相和太尉手中。我常常想跟太尉绛侯周勃进言，绛侯总跟我开玩笑，轻视我的话。丞相为什么不跟太尉交好，将相和睦团结一致？”

于是，陆贾为陈平谋划平定诸吕的数条计谋。陈平采纳陆贾的建议，用五百金办酒宴，为绛侯祝福。

太尉周勃又回请陈平。丞相、太尉团结一致，诸吕阴谋不能得逞。吕后一死，陈平跟太尉周勃合谋，灭吕氏，拥立汉文帝，陈平是主要策划者。司马迁说："吕氏之事，平为本谋，最终安宗庙，定社稷。"

用黄老之术治国，大称贤相

文帝认为，太尉周勃，亲自率兵诛灭吕氏，功劳多；陈平想把右丞相位让给周勃，于是称病，不上朝。文帝觉得陈平病得奇怪，亲自去探问。陈平说："高祖时，周勃的功劳不如我陈平。灭吕氏，我功劳不如周勃。我愿把右丞相职位让给周勃。"于是孝文帝就任命绛侯周勃为右丞相，位次名列第一；陈平为左丞相，位次名列第二。汉文帝赏赐陈平黄金千斤，加封食邑三千户。

文帝即位不久，向右相周勃询问：全国一年审判大案多少？钱谷收支多少？周勃汗流浃背，愧不能回答。陈平为左丞相，对汉文帝说，陛下问决狱，责廷尉；问钱谷，责治粟内史（汉武帝时改为大司农，类似今日财政部长、农业部长）。宰相的职责是"主臣，陛下不知其驽下，使待罪宰相。宰相者，上佐天子理阴阳，顺四时，下育万物之宜，外镇抚四夷诸侯，内亲附百姓，使卿大夫,各得任其职焉。"[1] 即,丞相职责是辅佐皇帝,使天下风调雨顺,万物欣欣向荣,使外国和诸侯顺服,百姓安定,百官公卿能尽职尽责。从管理角度看,丞相职责是决策大政方针,协助天子治理国家,组织生产和生活、提供保卫、管理百官。廷尉、大司农,职责在于管理司法和财政。郡守、尉、监和县令长的职责是执行郡县的各种具体职能。最下层如乡三老、啬夫职责,是具体操作。

陈平对丞相职责的阐述,他的行政管理,其理论根据,都是采用黄老之术,也都是继承汉初萧何、曹参实行的清静无为、与民休息的基本国策。

汉初,在关中长安,经过秦末战争,经济残破,皇帝想乘马车,都找不到四匹纯色的马匹,将军、相国,都只能乘坐牛车。老百姓家里,家徒四壁,没有积蓄。关中粮价达到一石米五千钱,甚至发生人吃人的事件。百姓迫切想恢复生产。于是高祖减轻田租,十五而税一,计算官员俸禄和官府的总支出,作为向百姓收税的总量。相国萧何执行清静无为、

[1] 《史记》卷五六《陈丞相世家》。

与民休息的基本国策，国家外无战事，内不兴土木。

在山东，高祖庶长子刘肥为齐王，曹参任齐相国。齐王刘肥年轻，齐国七十余城，泱泱大国，如何治理齐国，是个大难题。曹参首先召集齐地长老、儒生，请教如何治理齐国、安定百姓。齐地儒生一百多人，人人都提出一套治国之道，弄得曹参，云里雾里，不得要领。后来，曹参听说，胶西（今山东胶西）有盖公，专精于黄帝老子之术。曹参派人送上厚重礼物，把盖公请到临淄（今山东淄博临淄区），请教盖公如何治理齐国。盖公，学黄老之术。老子主张，治大国如烹小鲜。小鲜，小鱼。烹调小鱼，不要轻易翻动铲子。治大国，不能朝令夕改，不能乱折腾，政策要有稳定性、连续性。盖公主张，治国之道，贵在清静无为，让百姓自行安定，不必烦扰百姓。曹参大受启发，采用了盖公的主张，并且把相府大殿正堂腾出来，让盖公居住。

曹参为齐相九年，齐国安定。曹参被称为贤相。惠帝二年，萧何临终，推荐曹参为相。曹参从临淄回到长安。“（曹）参代何为相国，举事无所变更，一尊（萧）何之约束”。天下称曹参为贤相，百姓得以休养生息。民众作歌谣：“萧何为法，讲若画一；曹参代之，守而勿失。载其清靖，民以宁一。”歌颂萧何、曹参。曹参“举事无所变更，一遵萧何之约束”，[1] 萧令曹随的政局，为文景之治，做了很好的铺垫。

陈平为相，继续清静无为、与民休息的基本国策。这种政策的实质，不是不作为，而是分工明确，各司其职，“群臣并至，使各自明”，决策层不干预管理层、执行层。这种国策和管理取得一定效果。太史公曰：“孝惠皇帝、高后之时，黎民得离战国之苦，君臣俱欲休息乎无为，故惠帝垂拱，高后女主称制，政不出房户，天下晏然。刑罚罕用，罪人是希。民务稼穑，衣食滋殖。”[2] 因为汉文帝与匈奴和亲，又奉行节俭，农民安心田间生产，太史公说，“文帝时，会天下新去汤火，人民乐业，因其欲然，能不扰乱，故百姓遂安。自年六七十翁，亦未尝进市井，游敖嬉戏如小儿状。孔子所称有德君子者邪！”[3] “百姓无内外之徭，得息肩于田亩，天下殷富，粟至十余钱，鸣鸡吠犬，烟火万里，可谓和乐者乎！”“海内殷富，兴于礼义，断狱数百，

[1] 《汉书》卷三九《萧何曹参传》。

[2] 《史记》卷九《吕太后本纪》。

[3] 《史记》卷二五《律书》。

几致刑措。”[1] 陈平有功于文景之治。

司马迁认为，陈平年轻时，本喜欢黄老之术。为里中社日大会分祭肉时，已显示出其志向远大。他常出妙计，解救纷繁的危难，消除国家的祸患。吕后时，事情多有变故，陈平竟能脱身免祸，平定诸吕，安宗庙，定社稷，功劳尤大。陈平保持荣名终身，被称为贤相，善始善终。如果没有才智和谋略，谁能做到这一点呢？

七、周勃、周亚夫：安刘、平乱，父子两代大功臣

周勃

周勃出身下层，是刘邦的老部下，立有战功，又平诸吕，安刘氏，可谓汉室忠臣。后来竟然遭人诬告谋反。其子周亚夫有将才，军细柳（今陕西咸阳南，渭水北岸），平吴楚，坚持高祖“非刘氏不王、非功臣不得侯”的约定，反对封外戚王信为侯，遭到窦太后

[1] 《史记》卷一〇《文帝纪》。

的忌恨，后来也遭人诬告谋反。父子命运何其相似！

功劳最多，食邑八千户；将相和，平定诸吕

绛侯周勃，沛县人，青年时以编蚕箔为生，常为丧家吹箫，后来又做拉强弓的勇士。周勃才能不过中人，后来从高祖定天下，功劳最多，高祖封他绛侯（绛县，在今山西绛县），食邑八千一百八十户，赐列侯爵位，分剖信符，世代不绝，号称绛侯。后来周勃跟随高祖，平定陈豨（xī）、燕王卢绾（wǎn）等。司马迁详细记录了周勃的功劳。

周勃为人质朴刚强、老实敦厚，高祖认为可以托付他大事。周勃不喜好文学，每次召见儒生和游学之士，他都面向东坐着。（汉代以向东坐为尊）周勃如此看不起读书人，责令他们说："有什么话，赶紧说吧。"他就是如此朴实无文。

惠帝六年（前 189 年），汉惠帝设置太尉官职，以周勃为太尉。十年后，吕后去世，吕家子弟为上将军、相国等，把持大权，危害刘氏。太尉周勃，不得进入军营；丞相陈平，不能处理政务。两人原先有矛盾，陆贾（西汉政治家。贾，gǔ）出面调停，使将相和睦，同心协力，诛灭诸吕，拥立文帝。

丞相率先到封国

文帝即位后，任命周勃为右丞相，赐金五千斤，食邑万户。可是周勃是功臣武将，不善为相。汉文帝问周勃，全国一年中判决的案件有多少，钱粮开支收入有多少，周勃都谢罪说不知道，急得汗流浃背，惭愧不能回答。文帝问左丞相陈平。陈平说："陛下若问判决案件，可问廷尉（秦汉时主管司法的最高官员）；问钱粮收支，可询问治粟内史（秦汉负责主管钱粮的官员）。"皇上说："如果各自有主管的人，爱卿主管何事？"陈平说："宰相，对上辅佐天子，调理阴阳，顺应四时，对下养育万物适时生长，对外镇抚四夷和诸侯，对内爱护团结百姓，使公卿大夫恪尽职守。"孝文帝称善，右丞相周勃，大为惭愧，退朝后周勃埋怨陈平说："您平时怎么不教我这些话！"陈平笑着说："您身居相位，不知道丞相的职责吗？陛下如果问起长安城中盗贼的数目，您也要勉强凑数对答吗？"周勃自知才能比陈平差远了。不久，周勃托病辞职，陈平独自为丞相。文帝时，丞相陈平去世，皇上又任命周勃为丞相。

汉文帝是以代王身份入为皇帝，内心不安，担心功臣和诸侯王住在长安，不利于统治，而且各国吏卒运输粮食到长安，费用很大。所以，汉文帝让列侯不要住在长安，都回到自己封国去。汉文帝说："前日我诏令列侯，让他们回到封国去，有的人还没有动身。丞相是我所器重的人，您率先回到封国去吧。"于是周勃被免去丞相职务，前往封国。在封国，有人诬告周勃谋反。他受尽狱吏侮辱，送给狱吏一千斤黄金，狱吏就教他向公主求情。公主，即文帝的女儿，周勃长子周胜之，尚公主。他又送礼品给薄太后的弟弟薄昭。太后认为，周勃无谋反事，把头巾掷向皇帝，说："绛侯（周勃）曾经身系皇帝的印玺（xǐ），在北军（汉代禁军）统兵，当时不反，如今住在一个小小的县里，反而要叛乱吗？"文帝这才派使者持节赦免周勃，恢复爵邑。周勃出狱后，感叹道："我曾经统兵百万，但是怎么知道狱吏的尊贵啊！"周勃又回到封国。文帝十一年（前169年），周勃卒。

周亚夫：汉代青年将军

军细柳，真将军

周勃长子周胜之，尚配文帝女儿昌平公主。次子周亚夫，是汉代著名将军，先为河内郡（汉代郡名，今河南北部）太守。汉文帝后元二年（前 162 年）袭父爵，为条侯。

汉文帝后元六年（前 158 年），匈奴大举入侵边关，文帝命宗正（官名，掌管皇族事务）刘礼为将军，屯军霸上（今陕西西安东）；祝兹侯徐厉为将军，驻军棘门（今陕西咸阳东北）；河内郡太守周亚夫为将军，驻守细柳。三军警备，备战匈奴入侵。

文帝劳军，霸上军营和棘门军营，都可驱车而入，将军和官兵，骑马迎接。文帝又去细柳军营，将士披坚持锐，刀出鞘，箭上弦，拉满弓，保持战备状态。先导驱车至门下，不让进。先导说："天子就要到了！"守卫军门的都尉说："将军有令：军中只听将军命令，不听天子诏令。"一会儿，文帝到，又不得入。

于是文帝派使者手持符节，向周亚夫下令："我要入军营慰劳军队。"周亚夫这才传令打开营门。守卫士兵跟汉文帝车队的人交代说："将军规定：军营中，不准驱马奔驰。"于是天子控着缰绳，慢慢走。到军营中，将军周亚夫手持兵器向文帝拱手说："身着铠甲的将士不能行拜跪礼，请允许我以军礼参见皇帝。"天子深受感动，面容严肃起来，靠在车轼（车前横木）上向官兵致意。派人向周亚夫说："皇帝郑重慰劳周将军。"劳军仪式结束后文帝离开军营。群臣都非常惊讶。文帝称赞道："这才是真将军啊！霸上驻军、棘门驻军，如同儿戏，将军们只要遭袭击，就会成为俘虏。至于周亚夫，敌人哪有机会冒犯他！"文帝称赞亚夫良久。一个多月后，三军撤兵，文帝任命周亚夫做中尉，负责京城治安。周亚夫治军给文帝留下了深刻印象。

文帝临死时，嘱咐告诫太子刘启（后来的景帝）说："国家若有急难，周亚夫是真正可以做统帅的。"文帝逝世后，景帝即位，拜周亚夫为车骑将军。

平定吴楚叛乱，坚壁不出

景帝三年（前 154 年），吴楚等七国叛乱。周亚夫以中尉代行太尉的职务，领兵向东进击吴、楚。周亚夫上书景帝，说："楚兵勇猛，行动迅捷，我们很难同他们正面交锋取胜。我想放弃梁国，再率兵断其粮道，如此，才可以制服吴楚。"景帝同意这个战略建议。

太尉周亚夫调集军队，在荥阳会合，这时，吴军正攻梁，梁国告急，请求援助。周亚夫却领兵向东北急行，至昌邑（今山东金乡西北），深沟高垒，坚守防御。梁国派使者请求援助，周亚夫却坚守营垒，不去援助。梁国向景帝告状。景帝派使臣到前线来，命令周亚夫救援梁国。周亚夫却不奉诏，坚壁不出。同时派弓高侯韩颓当等人，率领轻骑兵，断绝吴、楚后方粮道。吴兵缺粮，饥饿难当，多次挑战，周亚夫始终不出击。夜晚，军中突然惊乱，互相攻扰，以至闹到周亚夫营帐下。周亚夫始终高卧不起，不一会儿军中就恢复安定。

后来，吴军奔向周亚夫军营东南角，周亚夫却派人戒备西北。不久，吴国精兵果然攻打周亚夫军营西北角，不能攻入。吴兵受饥忍饿，引军撤退。周亚夫派精兵追击，大破吴军。吴王刘濞（bì）丢掉部队，和几千名精兵逃跑，躲在丹徒县（今江苏镇江东南）。汉兵乘胜追击，吴军全部投降，吴国各县相继投降，朝廷悬赏黄金千两，捉拿吴王。月余，东越人（古越族的一支，居今浙江福建一带）斩下吴王头颅前来报功请赏。

仅仅用了三个月，吴楚之乱平定，这时将领们才意识到，太尉周亚夫的计划谋略非常正确。在这次平乱中，梁孝王刘武因周亚夫不救梁，与周亚夫产生矛盾。

坚守高祖约束，反对立异姓王

周亚夫率军得胜归来，被正式任命为太尉，五年后升任丞相，汉景帝十分器重他。景帝七年（前150年），景帝要废栗太子刘荣，周亚夫力争，景帝不采纳他的意见。景帝开始疏远周亚夫。梁孝王每次到都城长安朝见皇帝和窦太后，都要在窦太后面前说周亚夫的坏话。

窦太后要景帝封王皇后兄长王信为侯。景帝拒绝。窦太后催促皇帝赶紧封皇后的兄长为侯。汉景帝又和丞相周亚夫商量。周亚夫说："高祖曾经立下盟约，非刘姓不能封王，无军功不能封侯。谁不遵守这条规定，天下共同攻击他。"王信虽然是皇后兄，但他没有军功，封他为侯，不符合高祖与功臣们的盟约。汉景帝默然而止。

他反对封皇后兄为侯，也反对封匈奴降将为侯，与汉景帝发生矛盾，被免去丞相职务。

有一次，汉景帝在宫中，召周亚夫入宫，赐给食物，放了一大块肉，又不切小块，又不放筷子。周亚夫心中不爽。他看向宫中主管帷帐的官员，让他拿筷子来。景帝看这情形，笑说：“这么大块肉您不满意吗？”周亚夫免冠谢罪。皇上起身，周亚夫，赶紧快步走出大殿。汉景帝目送周亚夫。景帝说：周亚夫非少主之臣。不久，周家雇工诬告周亚夫之子谋反，事情牵连到周亚夫，廷尉指责周亚夫，说他即使不反于地上，也要反于地下。周亚夫绝食五日而死。条侯国，也被废除。

司马迁认为，绛侯周勃始为布衣时，是个粗鄙朴实的人，才能不过平常人。跟高祖平定天下，身居将相之位，诸吕欲作乱，周勃挽救国家于大难，使国家恢复正轨。即使伊尹、周公这样的贤臣，怎能比得上周勃！周亚夫用兵，保持威严庄重，坚忍不拔，即使司马穰苴（田穰苴，春秋时期齐国军事家，因功被封为大司马，又称司马穰苴。穰苴，ráng jū）那样的名将，怎能比得上周亚夫！司马迁对周勃、周亚夫的功绩给予充分肯定，表达了对二人的深深敬意，同时批评周亚夫自以为足智多谋而不虚心学习，能谨守节操但不恭顺，最终招致灾祸。这表面上是批评周亚夫，实际上是颂扬周亚夫刚直不阿，暗中讽刺汉景帝。

八、贾谊：汉代青年政论家

贾谊（前200—前168年）是汉代著名政论家。他年轻时就能写文章，十八岁时，被文帝召为六百石官员。二十一岁时，一年间被提升至太中大夫（官名，掌议论），俸禄与二千石郡守相等。贾谊善作赋，但其成就不仅在赋，他积极总结秦亡的历史经验，为汉朝巩固政权，提出了建设性意见。他提出改历法、服装颜色等建议。后来，贾谊被绛侯周勃等功臣排挤，出任长沙王太傅，转为梁怀王太傅。他多次上书，陈说政治主张，建议“众建诸侯而少其力”，以削弱诸侯王势力，抗击匈奴侵扰，倡导礼仪教化，重农抑商，教育太子等。贾谊是汉代杰出青年政论家，其《过秦论》《论积贮疏》《治安策》等不仅为西汉政治提出了一些建设性意见，更是传诵千古的名篇佳作。

一年内升至二千石

贾谊，洛阳人。十八岁时，因诵读诗书会写文章而闻名当地。吴公担任河南郡守（洛阳属河南郡）时，听说贾谊才学优异，就把他召到衙门任职，非常器重他。汉文帝刚即位，听说河南郡守吴公政绩卓著，为全国第一，和李斯同乡，并曾向李斯学习过，于是就征召他担任廷尉。吴廷尉推荐贾谊，认为他年轻有才，精通诸子百家的学问。汉文帝征召贾谊，让他担任博士。博士，掌通古今，俸禄比照六百石，名额数十人。

贾谊年二十有余，在博士中最为年轻。每次文帝下令让博士们讨论一些问题，那些老先生们都无话可说，而贾谊却能一一回答，人人都觉得贾谊说出了自己想说的话。博士们都认为,贾生才能杰出,无与伦比。汉文帝很赏识他，破格提拔，一年内就升任他为太中大夫。太中大夫秩比二千石，掌论议，地位与二千石郡守相等。

主张创立汉家制度

贾谊认为，汉朝建国二十多年，天下太平，应该改正历法、变易服色、订立制度、确定官名、振兴礼乐。于是他草拟各种仪法，提出崇尚黄色，遵用五行之说，创设官名，完全改变秦代历法。汉文帝刚即位，谦虚退让，贾谊的主张还来不及实行。但是这些主张，对汉武帝时制度改革，有启发作用。

两为诸侯王太傅

汉文帝和大臣们商议，想提拔贾谊担任公卿之职。功臣绛侯周勃、灌婴，东阳侯张相如，御史大夫冯敬这些人，都嫉妒他，诽谤贾谊，说："这位洛阳人，年纪轻，学识浅，只想独揽大权，把政事弄得一团糟。"功臣周勃等人位高权重，文帝不能违背他们，于是开始疏远贾谊，不采纳他的意见，任命他为长沙王太傅。汉初到文帝时，异姓吴氏为长沙王。一年后，汉文帝思念贾谊，贾谊被召回长安，拜见皇帝。两人相谈甚欢，夜半，汉文帝不禁移坐而前，凑近贾谊。事后，汉文帝自叹："我好长时间没见贾谊先生，自认为能超过他，现在看来我还是不如他。"不久，文帝任命贾谊为梁怀王太傅。梁怀王（刘揖，又名刘胜，揖，yī）为文帝少子，很受宠爱，又喜欢读书，因此让贾谊任梁怀王的师傅。梁怀王坠马而死，贾谊非常伤心，认为没有尽到师傅的责任，经常哭泣，一年后也死了，年仅三十三岁。

《治安策》：众建诸侯而少其力

在担任诸侯王师傅期间，贾谊关心国家大事。当时，匈奴强，时常侵犯边境。当时天下初定，制度粗疏。诸侯王僭越制度，占有的土地太多。济北王、淮南王都有不法行为。贾谊上《治安策》，揭露现实问题，提出解决方案。他批评当时“天下治安”“无为而治”的论点。他说，当今国家危难，令人非常担忧和痛心疾首，皇上的亲弟弟淮南王刘长，谋为东帝；亲侄子济北王刘兴居、吴王刘濞等，都图谋向长安进发。诸侯王虽为亲戚，可是无不想自己称帝。天下形势，势如倒悬。想要天下安定，就要“众建诸侯而少其力”。

具体做法是，把诸侯王国都分为小国，分给其子弟。天子掌握土地人民，诸侯王势力自然弱小。诸侯王力量弱小，就容易用道义来指使他们。诸侯王国土地面积小，就不会有反叛的念头。

贾谊认为，应当分淮南王土地，增加淮阳王封地；为梁王立王太子；割淮阳北边二三城与东郡，增加梁国的封地。于是汉文帝接受贾谊建议，徙淮阳王刘武为梁王。梁国北界泰山，西至高阳（今河南杞县西南），有四十余大县城。

淮南王刘长病死，汉文帝又封其四子为列侯。

汉文帝想起贾谊“众建诸侯而少其力”的建议，把齐国分为六国，立齐王肥六子为王。

分淮南为三国，尽立淮南王三子为诸侯王。

景帝前元三年（前154年），吴、楚、赵与四齐王（四齐王指济南王、胶东王、胶西王、菑川王。菑，zī）联合发动叛乱，多亏梁国为屏障，抵御叛军进攻，为平叛争取时间，吴楚叛乱才没有成功。

礼不下庶人，刑不上大夫

针对当时富豪僭越制度，贾谊提出，必须移风易俗，用礼义教育太子，用礼义对待君子，刑不上大夫，有罪赐死而无戮辱。文帝前元三年（前177年），绛侯周勃回到封国居住，被人诬告谋反，廷尉把周勃逮捕到长安，关进监狱，受尽狱吏凌辱。薄太后为周勃辩护，才得赦免。

贾谊上奏，认为刑不上大夫，要尊重大臣，维护大臣尊严，用礼义廉耻勉励臣子。文帝后悔对周勃的处置，所以采纳贾谊建议。此后，大臣有罪，都让他自杀，不逮捕入狱受刑罚。

功臣张武等受赂金钱，被发觉后，文帝多多赏赐他们，使其感到惭愧。司马迁说，汉文帝“专务以德化民，是以海内殷富，兴于礼义，断狱数百，几致刑措。”意即，汉文帝专心用德行和恩惠，来感化臣民，树立崇尚礼义的社会风气。汉文帝在位期间，朝廷中廷尉总共判案数百起，差不多废止不用刑法制度和措施。社会秩序比较稳定，人民安心生产，公私都积累了较为丰厚的财产。

上《积贮疏》，建议国家重视粮食积累

文帝前元二年（前 178 年）贾谊上奏《积贮疏》说，积贮是天下存亡的根本。当今民众，从事农业者少，从事工商者多，奢侈风俗渐长，生产者少，吃饭的人多。汉立国三十年来，公私积蓄少得可怜，应当促使人民从事农耕，农民安居乡村，使天下人，都自食其力。汉文帝采纳贾谊建议，设置籍田，春耕前，皇帝亲耕田，以籍田所产粮食供奉宗庙，作为天下表率，鼓励农业生产。此后各项法令的更改，以及诸侯回到封国等政策的颁行，都是基于贾谊的主张，这都是贾谊对国家的贡献。

汉人对贾谊评价很高，司马迁为贾谊年少不遇而伤感。刘向认为，贾谊论三代与秦治乱兴衰，其论证很美，通达国家体制，即使将其比作古代伊尹、管仲也不为过。贾谊的仕途后来被功臣妨碍，十分可惜。班固认为，从汉文帝厉行节俭方面看，贾谊反对奢侈浪费的建议，得到了采纳。贾谊想改定制度，认为汉为土德，数用五等，这些观点，到汉武帝时被采纳。贾谊对汉代政治的最大贡献是，提出“众建诸侯而少其力”的建议，这一建议后来被文、景两帝所采纳。

九、晁错：舍身为国的忠臣

晁错，是汉代第二位著名政论家。他少年学法律，为太子家令，太子家称他为智囊。他深明时世，谈经济，论政治，都能切中要害，上书三十篇，为国家发展，建言献策。他建议削藩；发展农业；移民实边；富民交粮到边地和内郡，国家授予他们爵位。汉文帝、景帝都很重视其建议，几次减免租税，实行十五税一，成就文景之治。晁错的文字，简洁流畅，言事切实可行，非儒家所能比拟。因削藩之议，触及东南诸侯王的实际利益，吴楚七国以诛晁错为名，举兵反汉，爰盎（一作袁盎，yuán àng）从中诋毁，景帝一时糊涂，使晁错被斩于长安东市，并且连累家族。可是同时代的邓公（西汉大臣）却认为晁错请削藩，尊京师，乃万世之利。班固认为，晁错精于为国远虑，拙于为己谋身。汉人多认为晁错乃国家忠臣。

学古文《尚书》，为太子家令

晁错，颍川（今河南禹州）人。青少年时，到轵（今河南济源。轵，zhǐ）跟随名士张恢先生，学习申不害、商鞅等刑名法家之学。因文章博学，被选为太常属官。晁错为人严峻、刚直、苛刻。汉代有古文、今文之分。古文，指先秦篆（zhuàn）文。今文，指汉代隶书。文帝时，济南人伏生研究、传授古文《尚书》，九十多岁。朝廷不能征召他到朝廷来，于是文帝下令让太常派人去学《尚书》。太常就派晁错到济南伏生家学《尚书》。

返回长安时，上书言利国利民之事，引用《尚书》，议论汉事。文帝诏令他为太子舍人、门大夫、家令。太子称家，太子家首长称家令，相当于县令。晁错因能言善辩，得到太子刘启（后即位为汉景帝）的信任，太子家称他为智囊。

贵粟、兵事、守边劝农三疏

身为太子家令，晁错更关心朝廷大事。当时匈奴屡次侵边，公私积蓄都不多。晁错多次上书，提出积极建议。晁错上奏《论贵粟疏》。他分析公私积蓄不多的原因，在于商人积贮贩卖，加倍获利，就能穿华丽的衣服，吃上好米和肉。商人与王侯交往，与国家大吏遨游各地，车辆络绎不绝，坐着坚固的车子，赶着膘肥体壮的马匹。农民辛苦劳作，却衣食不足。晁错主张贵粟，用粟作为赏罚的工具，让天下富民交粟，政府给富民爵位。这是用爵位换粮食，表现了经济政策的灵活性。汉文帝接受其建议，令富民交粟到郡县。

针对匈奴数侵边境，晁错上奏《言兵事疏》，分析长兵器与短兵器、车战与骑兵作战的要求和特点，汉兵与匈奴兵各自的优劣短长；又上奏《守边劝农疏》，分析匈奴的自然条件，匈奴人的生理饮食特点、生产与生活特点。他认为，守边士卒一年一更换，不了解匈奴人习性，不利于取胜。他主张，应该用当地居民守卫边塞。于是，汉文帝招募民众迁徙到边境，官府给予爵位等支持。汉文帝惊奇他的才能，升迁他为中大夫。当时，皇太子欣赏晁错的计策，爰盎等功臣大多不喜欢晁错。

削藩：尊天子、安宗庙，刘氏安，晁氏危

景帝即位，任命晁错为内史（负责治理京师）。晁错常常请求与皇帝单独谈话。他提出的建议，景帝都接受，汉景帝宠幸他超过九卿。他多次修改制定法令制度。后来晁错迁为御史大夫，与爰盎发生矛盾。爰盎历来不喜欢晁错，遇到公卿百官聚会，晁错在座，爰盎往往避开；爰盎在座，晁错一看也走掉。两人未曾同堂交谈过。爰盎接受吴王刘濞财物，晁错派执法官员严格查处，爰盎抵罪。皇帝下诏书赦免爰盎，将其贬为庶人。

汉高祖所封诸侯王，拥有的地方广大。当时，朝廷有十五六郡，而诸侯王国有四十郡。诸侯王国兼有数郡之地，如齐王肥七十余城，楚王交四十余城，吴王濞三郡五十三城，分掉天下大半。从行政、赋税、军事等方面，诸侯王国势力强大，不利于中央统治。

例如，汉文帝与窦皇后生汉景帝、梁孝王刘武等，刘武跟朝廷关系最亲近。刘武，最受窦太后宠爱，有

时入长安朝见皇帝、太后，半年都不回封国。入则与皇帝同辇，出则同车游猎上林苑。在平定吴楚七国之乱中，梁王有功。梁国，是当时最大的诸侯王国，居全国最丰腴土地，其王国范围，北以泰山为界，西到今河南陈留（今河南开封），有四十余城，多数都是大县。

窦太后非常爱小儿子，赏赐不可胜数。梁孝王建设的东苑，方圆三百余里。他又在今开封东北扩大睢阳城范围七十里，大治宫室。宫室东北二十里，建离宫平台宫，从王宫到平台宫，修筑了二十里的复道（楼阁间建有上下两重通道而架空者称复道）。朝廷允许他用天子旌旗，平时出行都千乘万骑跟从，仪仗跟汉朝皇帝一样。梁王招集四方豪杰游士，制作弓箭数十万，府库金钱好几百万，珠玉宝器比京师长安还多。梁孝王仗着窦太后的喜欢，汉景帝废掉栗太子，窦太后有心让梁孝王刘武为汉景帝继嗣，遭到大臣爰盎反对，后来汉景帝又立胶东王为太子。梁孝王派刺客刺杀爰盎等朝廷大臣。类似诸侯王犯罪事实，数不胜数。

景帝三年（前 154 年）晁错建议，诸侯王有罪过，就削其封地，收其支郡。奏章呈送上去，皇上令公卿列侯宗室集体讨论。无人敢批评晁错，只有窦婴力争，由此与晁错产生矛盾。晁错修改诸侯王法令三十章，诸侯一片喧哗，痛恨晁错。

晁错父亲听说后，就从颍川来到长安，跟晁错说："皇上刚刚即位，你参与政事，侵犯削弱诸侯的力量，疏远刘家的骨肉，人家多怨恨你。为什么？"晁错说："本来就是如此。不如此，天子不受尊重，宗庙不得安宁。"晁错父亲说："刘氏安定了，晁氏将危在旦夕。我赶紧离开你走吧！"于是喝毒药而死，说："我不忍看到祸患连累自己。"

晁错父亲死后十余日，吴楚七国以诛晁错为名，起兵反汉。朝廷拜窦婴为大将军，窦婴推荐爰盎、栾布协助自己。

汉景帝与晁错讨论出兵，晁错想让景帝亲自将兵，自己居中留守。恰巧爰盎入朝。景帝询问爰盎吴楚反叛之事。爰盎说："吴楚不足忧。"景帝问："吴王开山铸钱，煮海为盐，引诱天下豪杰，白头举事，如果计不百全，岂敢发兵？怎能说不足忧？"爰盎说："吴国确有铜盐之利，哪里能招集到豪杰？即使能招集到豪杰，也当辅助吴王忠信行义，不会造反。吴王所利诱的，不过是无赖子弟、亡命之徒，铸钱以谋取奸利而已。”晁错说：“爰盎分析得对。”

景帝问：“那你有什么计策呢？”爰盎要景帝屏退所有人，晁错急忙躲到东厢房，心里恼恨。景帝问爰盎，爰盎回答：“吴、楚王说，高祖封子弟为王，各有封地。现在贼臣晁错擅自削弱诸侯王，侵夺诸侯土地。他们反叛，名为诛晁错，实际上是要恢复故地。当今之计，只有斩杀晁错，派使者赦免吴、楚七国罪行，恢复故地，兵不血刃，吴、楚即可罢兵。”汉景帝沉默良久，才说：“要考虑真实情况，我不能因为爱一人就得罪天下。”于是拜爰盎为太常，秘密整装准备出发。

又过十多天，丞相陶青、中尉嘉、廷尉张欧，弹劾晁错：“吴王谋反，欲危及宗庙，天下理所应当共同讨伐。御史大夫晁错，不能宣扬陛下德信，想要疏远群臣贵族，无人臣之礼，大逆不道，理当腰斩，其父母妻子兄弟姐妹，都当诛杀。臣等请求根据法律，论晁错罪。”皇帝下诏书说：“可以。”汉景帝接受他们的建议，派中尉去晁错家，召他上朝。

于是晁错换上朝服，他根本不知道朝廷正在计划杀他。中尉把他骗到长安东市，就地斩杀，以此向东方诸侯谢罪。晁错之死，只是让亲者痛，仇者快，但并没有阻止东方诸侯反叛的势头。

晁错已死，谒者仆射邓公为校尉，统率军队去攻打吴楚叛军。回朝后，上书汇报军情，谒见皇帝。景帝问他："你从军中来，闻晁错死，吴楚罢兵没有？"邓公说："吴王准备谋反数十年了，痛恨晁错削地。以诛晁错为名，其意不在晁错。且臣恐天下士人，自此噤若寒蝉，不敢再谈论国家大事！"景帝说："为什么呢？"邓公说："晁错担心诸侯强大，不可控制，故请削诸侯地，尊朝廷，乃万世之利。计划刚开始实行，就遭受大戮。这是内杜忠臣之口，外为诸侯报仇。我认为陛下杀晁错，不可取。"景帝默然良久，说："你说得很对，我也后悔了。"

司马迁如实记载了晁错勇于谋国，拙于谋身。也引用邓公之语，说明晁错乃国家忠臣。结语中却说晁错"擅权，多所变更""变古乱常，不死则亡"。司马迁赞同统一，同时认为晁错削藩手段有点毒辣。司马迁对晁错的评价，有点前后矛盾。

十、董仲舒：汉代儒家大师

汉代儒学大师有两位，一位是汉高祖时的太常（掌管宗庙礼仪的官员）叔孙通，一位是汉武帝时江东易王和胶西王之相董仲舒。前者为汉朝制订礼仪制度，与时俱进，被称为汉家儒宗；后者为汉武帝朝出现的一系列政治、经济、社会、教育等问题，提出了对策建议，被称为群儒之首。

专心学术，三年不窥视舍园

董仲舒，广川（今河北景县广川镇大董古庄村）人，研究公羊派《春秋》。相传孔子作《春秋》，传习者三家，有《春秋左氏传》《春秋公羊传》《春秋穀梁传》，都是给《春秋》做注释的。董仲舒在家乡东南五公里的董学村讲学。他弟子甚多，不能亲自授课。后进学者随先进学者学习，弟子之间依次辗转相传，有的学生求学三年间都见不到老师。董仲舒专心学习，三年不窥视房子后面的花园。又传说，他乘马车不知牝牡（牝，雌性，pìn；牡，雄性，mǔ），其专心学术如此。

景帝时，他被朝廷征为博士。董仲舒的行为举止，完全按照礼仪的要求，非礼不行，学生皆尊他为大师。

回答天人三策，主张开创汉制度

汉初，实行无为而治、休养生息的政策，在政治、经济、文化、教育等方面多沿用秦制。无为而治取得了一些成绩，但也暴露一些严重的问题：

其一，天子无为而治，诸侯王势力越来越强大，违法乱纪。

其二，汉朝的历法、舆服、教育等制度，仍无变化。

其三，地方官员赋敛无度，竭尽民力，百姓流散，不得从事耕织，犯罪的人多，死者不可胜数。

客观形势要求汉武帝改变无为而治的政策。元光元年（前 134 年），汉武帝下令推举贤良文学之士，前后有一百多人对策（对策指应试者就政事、经义等内容进行对答，是汉代取士考试的一种形式），唯独董仲舒的对策最让汉武帝满意。

董仲舒提出了一系列重要意见：

第一，改正朔，易服色，推崇儒家，抑黜百家；

第二，首倡创立太学（中国古代的国立大学）。长安立太学，郡县立庠序（古代地方办的学校。庠，xiáng）。使列侯、郡守、二千石（高级官员）推荐贤良人才给朝廷，每年两人；

第三，百官公卿，郡守县令，为人师表。官员身居高位，国家使其拥有众多的奴婢、牛羊，土地多，房屋大，产业广博，积蓄丰厚。如果官员凭借丰厚的财力，与民争利，百姓哪能争得过他们？官员是乘车的，老百姓是挑担子的。乘车者是君子，处于君子之位，当有君子之言行。官员在其位，就应当为人师表。官员已经享受国家的俸禄，应当靠俸禄吃饭，不与百姓争夺利益，更不应与百姓争夺产业。汉武帝对董仲舒的回答非常满意。

不与民争利，让利于民，历来是衡量官员为人师表的根本标准。在这个问题上，司马迁除了赞赏董仲舒的见解，还具体写了春秋鲁国鲁穆公时（前 415—前 383 年）的国相公仪休的事迹。

《史记·循吏列传》："客有遗相鱼者，相不受。客曰：'闻君嗜鱼，遗君鱼，何故不受也？'相曰：'以嗜鱼，故不受也。今为相，能自给鱼。今受鱼而免，谁复给我鱼者？吾故不受也。"是说，公仪休不肯接受贿赂。

还有，“食茹而美，拔其园葵而弃之。见其家织布好，而疾出其家妇，燔其机，云‘欲令农士工女安所雠其货乎？’”[1]公仪休出妻子，烧织机，拔园葵，是示范行为，为人师表，公仪休“使食禄者不得与下民争利，受大者不得取小”，在其影响下，其他官员也不与民争利。《说苑·政理篇》：“池渊吾不税，蒙山吾不赋。”不征收山林薮泽税，使国家不贪利。鲁相公仪休，不仅自身不好货殖，而且使当时职官和国家都不与民争利，延缓了鲁国的亡国过程，其功岂不伟哉！司马迁正是受到老师董仲舒的影响。

两为诸侯王相

于是，汉武帝任命董仲舒为江都（在今江苏扬州）易王刘非的相。易王，力大过人，好逞勇武，修建宫室，招募四方豪杰，骄奢得很。董仲舒用礼义匡正他。易王敬重他，询问他越王勾践三谋臣，泄庸、文种、范蠡，是否可以被称为仁人。董仲舒讲，孔子门下的弟子，即使是五尺高孩子，也羞于提到五霸。治国者，当重

[1] 司马迁：《史记》卷一一九《循吏列传》。

视仁义，轻视诈力。仁人君子，当匡扶正义，不谋求利益。明确道义，不计较功劳。易王认为说得好。

董仲舒治理江都国，根据《春秋》上所记载灾异变化事实，来推演阴雨或晴天。祈雨时，就把属阳性的人或物放在家里，属阴性的人或物放出来，祈晴时就反过来。如关南门，开北门，禁止举火，用水洒向人身上等。在江都国，这种方法有时奏效。

其间，董仲舒被废为中大夫，居于长安，写灾异一类的著作。当时辽东高帝庙、长安高帝陵园火灾，董仲舒居家，推说其中意义，草稿完成，未及上奏。主父偃（汉武帝时大臣，姓主父，名偃。偃，yǎn）私下会见董仲舒，嫉妒他，将书稿偷走，上奏汉武帝。

汉武帝召集诸生，出示其书稿，给大家看。董仲舒弟子吕步舒，不知这是他老师的书稿，认为书稿很愚蠢。董仲舒被交给法吏,应当处死。皇帝下诏赦免他，于是董仲舒竟不敢再说灾异。

董仲舒为人廉洁、直率，研究公羊《春秋》又很有名望，遭到一些人嫉妒。最嫉妒他的，就是丞相公孙弘。当时公孙弘研究《春秋》，不如董仲舒，可是他能迎合世俗，取得皇帝信任，位至公卿。董仲舒认为，公孙弘为人谄媚，阿谀逢迎。公孙弘，从嫉妒董仲舒，到恨董仲舒，恨不得置之死地。公孙弘想派董仲舒到胶西王国为相，以便借刀杀人。

汉景帝之子，汉武帝之兄，胶西王（胶西国在今山东高密）刘端，屡次犯法，杀害二千石官员。二千石官员到胶西国后，依据汉朝法律治国，胶西王就寻找罪名，报告给朝廷；如果二千石官员没有罪行，胶西王就用药毒杀他们。为了对付朝廷命官，胶西王总有损招。如果二千石官员顺从胶西王，朝廷就要将这种官员绳之以法。因此，胶西虽然是小国，可有很多官员，因守法、执法或曲法而死。朝廷正发愁，安排谁给胶西王当相国。公孙弘想借胶西王之手，杀害董仲舒，于是向汉武帝建议，只有董仲舒可以当胶西王相。

胶西王素闻董仲舒品行端正，于是善待他。可董仲舒怕时间久了，会犯罪，于是借口生病，免职归家。班固认为，董仲舒在江都、胶西两个诸侯国为相，两位国王，都骄横无比。董仲舒以身作则，作为下属的表率，屡次上书朝廷规劝争论，制定教令，颁行于国中，其所在诸侯国，治理得都很好，颇有政绩。

倡导关中种麦

现在陕西的面食很有名。周时,陕西即有种麦历史。但是，直到汉武帝时，关中没有形成种麦的习惯。河北平原种麦历史悠久，广川郡农民善于种麦禾。作为广川人，董仲舒晚年居住在长安，他提倡在关中种麦。

董仲舒向汉武帝上《乞种麦疏》:“《春秋》中，其他五谷收成丰歉，都不记载。至于麦禾收成好不好，都会记录。可见在五谷中，孔子最重视麦和禾。今关中传统不喜欢种麦，有碍民生。希望陛下向大司农(主管农业的官员)下令，使关中民增种宿麦(隔年成熟的小麦，即冬麦)，不要错过时令。”

汉武帝末年，令搜粟都尉(负责征集军粮的官员)赵过，通过代田法(一种耕作方法)种谷。直到汉成帝时，轻车使者氾胜之(氾sì)才在三辅(长安及其周边地区)教百姓种麦。如今关中面食的流行，当感谢董仲舒和氾胜之。

建议限田、限奴婢

董仲舒又指出:“古时候征税，不过十分之一，君主的需求容易满足；役使人民，每年不过三日，百姓很容易完成。百姓，可以养老尽孝，可以缴纳赋税，养活妻子孩子，他们乐于跟随君主。

秦不一样，商鞅变法，改变帝王的制度，废除井田，允许土地买卖，结果，富者田地连成片，贫者无立锥之地。君主又垄断河湖产品，管理山林物产，荒淫无度，逾越制度，奢侈浪费，互相攀比，花费越来越高；城镇富人财富多，有君主一样的威严，闾里（秦代基层组织，以二十五家为一里）富人，拥有的财富，像公侯一样多，普通百姓哪能不贫困？一年之中戍边或服劳役的时间，三十倍于古代；地租和人头税、经营盐铁，获利二十倍于古代。有人租种富豪的田地，要交十分之五的地租。因此贫民经常穿牛马衣，吃猪狗食。加上官吏贪婪残暴，胡乱增加刑罚杀戮，民众发愁，无以为生，于是逃入山林，成为盗贼。穿着赭色囚服的囚犯，相望于道。每年审理判决的案件，数以千、万计。

汉建国后，因循秦代制度，并无多大改变。古代井田法，难以实行，但应该稍微限制官员多占田地，养活贫民，堵塞土地兼并之路；允许民众经营盐铁产业；废除奴婢制度，废除主人擅自杀害奴婢的权力；

减轻租税，减少徭役，以缓解民力。”

董仲舒死后，国家内部兴建许多大工程，对外又与多个周边民族有征战，徭役赋税越来越多，财政入不敷出，人民衣食不足，发生了人吃人的事情。

汉武帝末年，皇帝开始后悔征伐之事，封丞相车千秋为富民侯，下诏说“当今的首要任务，在于大力发展农业”。汉武帝的这些措施，未尝没有受到董仲舒的影响。

董仲舒在家期间，始终不过问家里的产业，一心一意研究学问和写书。每当朝廷有重大事件需要讨论，就派使者及廷尉张汤，到董仲舒家，咨询征求意见，他都给出明确的意见。汉武帝登基后，魏其侯（其，jī）窦婴、武安侯田蚡（fén）担任丞相，他们都推重儒术；元光元年（前134年）董仲舒对策，汉武帝接受董仲书的建议，推崇孔子，抑黜百家，后来又设立学校之官，州郡长官推举茂才孝廉。

大约元鼎初年（前116年），董仲舒年老，死于家中，葬于长安，其地称为下马陵。[1] 后家人迁至茂陵邑，

[1] 白居易《琵琶引》浔阳所遇弹琵琶歌女：“自言本是京城女，家在虾蟆陵下住”。虾蟆陵，即下马陵，后人误称为虾蟆陵。

其子孙皆以学问，当上大官。

司马迁说：“自孔子死后，京师不重视学校教育。汉武帝建元、元狩年间（前140—前117年），才重视学校教育，文辞灿烂。”这都是公孙弘、董仲舒重视儒学的结果。汉成帝时，刘向称：“董仲舒有王佐之材，即使是伊尹、吕尚（姜太公）也无法相比；管子、晏子之类，都是辅佐霸主的人，大概不及董仲舒吧。”刘向之子刘歆认为，董仲舒发愤著书，令后世学者对儒家学说，有了统一的认识，为群儒的首领。然而从师友渊源来看，董仲舒似乎仍然比不上孔子弟子子游、子夏。而说伊君、吕尚、管子、晏子不及董仲舒，大概说过头了。刘向曾孙刘龚，是诚实可靠的人，他也认为刘歆对董仲舒的评价，比较恰当。

十一、飞将军李广

今河北、山西、陕西与内蒙古交界一线，为农牧交错带。汉代，这一地区往往成为汉族和匈奴人争夺之地。秦、汉都在这一带修筑长城，防备匈奴骚扰。

但每到冬季，河水结冰，匈奴骑兵就踏冰而来，南下掠夺汉地的粮食、人口、牲畜等，给汉地农民生产生活造成很大困扰。在防备、抗击匈奴的战争中，涌现出了一批著名将领，如飞将军李广、卫将军卫青、骠骑将军（骠骑piào qí）霍去病等。

汉匈边境上的飞将军

李广，陇西郡成纪县（今甘肃秦安）人，秦国大将李信后代。李广家世代传习射箭之术。文帝十四年（前 166 年），匈奴人大举侵入萧关（今宁夏固原东南），李广以良家子弟的身份参军抗击匈奴，他善于骑射，斩敌人首级很多，被任命为中郎。李广曾跟随汉文帝出行，常有冲锋陷阵、抵御敌人、格杀猛兽之事，文帝说："可惜啊！你没遇到好时机。如果让你生在高祖时代，封个万户侯，不在话下！"

汉景帝时，李广跟随太尉周亚夫，反击吴楚叛军，后被调为上谷（郡治沮阳，在今河北省怀来县东南）太守，天天与匈奴交战。典属国（官名）公孙昆邪，对汉景帝哭着说："李广才气，天下无双，他仗着自己有本领，屡次和敌人正面作战，恐怕朝廷会失去这员良将。”于是朝廷又调李广任上郡（郡治肤施，今陕西横山县东，榆林县东南）太守。以后李广转任边境各郡太守，曾任陇西（郡治狄道，今甘肃临洮县）、北地（郡治马岭，在今甘肃庆阳西北）、雁门（郡治善无，在今山西右玉南）、代郡（郡治代县，今河北蔚县东北之代王城）、云中（郡治云中，今内蒙古托克托县东北）等地太守，以奋力作战而出名。

汉长安城，有长乐宫和未央宫。太后居长乐宫，皇帝居未央宫，两宫守卫都很重要。汉武帝左右近臣都认为，李广是名将，于是李广由上郡太守，调任未央宫禁卫军长官，程不识任长乐宫禁卫军长官。

他们两人有共同点，也有很大差别。从前，两人都任边郡太守，现在又都兼管宫廷守卫。先前，他们出兵攻打匈奴时，两人风格大异：李广行军，无严格的队列和阵势，靠近水丰草茂处驻扎军队，人人都感到便利，晚上也不打更自卫，简化各种文书簿册（簿bù），但他远远地布置哨兵，所以不曾遭到过危险。程不识对队伍的编制、行军队列、驻营阵势等，要求很严格，夜里打更，军士官吏处理考绩等公文簿册到天明，军队得不到休息，也不曾遇到危险。

从效果上说，李广治兵简便易行，但遇到敌人突袭，他就无法阻挡，但是士卒安逸快乐，甘心为他拼死作战。程不识治军严格、军务繁忙，敌人不敢侵犯。两人都是名将，匈奴人害怕李广的谋略，士兵大多愿意跟随李广，而苦于跟随程不识。后来李广因为过失应当处斩，缴纳赎金后，被废为庶人。

元朔元年（前 128 年）秋，匈奴骑兵两万人入侵汉朝，杀辽西太守，掳掠两千余人，韩安国驻守渔阳（今北京密云），匈奴人围之，匈奴人又入侵渔阳、雁门（今山西代县），各杀死掳掠千余人及牲畜而去，韩安国向东迁徙，驻扎在右北平（右北平，郡名，包括今河北、天津、辽宁、内蒙古部分地区），数月后病死。汉武帝又召李广，拜为右北平太守。匈奴听说后，称其为“汉朝飞将军”，躲避数年，不敢入侵右北平。

李广为官清廉，赏赐都分给部下，与士兵同饮食。李广一生，做二千石级俸禄官四十多年，可是家无余财，从不谈及家产事。李广身材高大，两臂如猿猴一样长，可以运转自如，他善于射箭，这是天赋。李广木讷寡言，与别人在一起时，就在地上画军阵，然后比射箭，按射中目标的箭头，密集或宽疏，来定罚谁喝酒。他专门以射箭为消遣，一直到死。李广带兵，遇到缺粮断水的地方，见到水，士兵没有全部喝到水，李广从不去靠近水；士兵没有全部吃上饭，李广一口饭也不吃。李广对士兵，宽厚和缓，不苛刻，士兵因此爱戴他，乐于为他所用。李广射箭，看见敌人逼近，在数十步之内，才射箭。如射不中，就不放箭，放箭就要射中。箭离弓，敌人随弓弦之声，应声倒地。因此他领兵有几次被困受辱，射猛兽，也曾被猛兽所伤。

屡次出征，不得封侯

元朔六年（前 123 年），李广任郎中令（官名，掌管宫廷侍卫），又被任命为后将军，与公孙贺、赵信、苏建、公孙敖、李沮等，跟随大将军卫青从定襄（今内蒙古河套东部一带）出征，攻打匈奴。许多将领因为军功而封侯，李广未有军功，不得封侯。

元狩二年（前 121 年）汉军大举出击匈奴。霍去病、公孙敖从陇西（今甘肃西部）出击，李广、张骞（qiān）从右北平出击，结果，西线大获全胜，而东线失利。东线兵力薄弱，李广率四千骑兵为前锋，张骞率领一万多名骑兵，从不同方向出击。匈奴左贤王（匈奴贵族封号）率四万骑兵，包围李广。敌我兵力悬殊，李广的士兵，非常惊恐。李广令士兵摆出环形外向阵势。匈奴猛攻，箭如雨下。汉军伤亡过半，弓箭将尽。李广令士兵持满弓而不发，自己则连发数弩，射杀匈奴数位副将，匈奴军方才向后退却。天色已晚，士兵面无血色，李广却意气自如，军中都佩服其勇敢。次日，张骞才率军前来接应，匈奴军队解围而去。汉军很疲劳，无力追击匈奴兵。李广军队伤亡与杀伤敌军相当，功过相抵，未能得到赏赐。张骞因为行军迟到，应该处斩，缴纳赎金后废为庶人。

李广几次出击匈奴，都未封侯。堂弟李蔡和李广一起为郎官。景帝时，李蔡累积功劳，官至二千石。武帝时，任代国的国相。元朔五年（前 124 年）被任命为轻车将军，跟随大将军卫青攻打匈奴右贤王有功，因功被封为乐安侯。元狩二年（前 121 年）又代公孙弘任丞相。李蔡才能中下，声名比李广差得很远，但李广却得不到封爵和封地，官位没有超过九卿，李蔡却被封为列侯，位至三公。李广属下军官和士兵，也有人封侯。

李广曾和星象家王朔私下闲谈，说:“自从汉朝攻打匈奴以来，我没有一次不参加。各部队校尉以下的军官，才能不如普通人，但是，由于有军功，而被封侯的，有几十人。我李广，不比别人差，但是没有因为一丁点功劳而得到封地，这是什么原因呢？难道是我的面相就不该封侯？还是我本来就命该如此呢？”王朔说:“将军自己回想一下，有没有后悔的事吗？”李广说:“我曾当过陇西太守，羌人反叛，我诱骗他们投降，有八百多人投降。我用欺诈手段，在同一天，把他们都杀了。至今这是我最后悔的。”王朔说:“能使人受祸的事，没有比杀死已降的人更大的了。这也就是将军不能封侯的原因。”

元狩四年（前119年）大将军卫青、骠骑将军霍去病率军大举出征匈奴，李广几次请求随行。汉武帝认为李广年老，不答应；好久才准许他前去，让他任前将军。卫青得知单于住地后，亲自带精兵出击，令李广和右将军赵食其部队合并,从东路出击。东路迂回绕远，且大军走在水草缺少的地方，势必不能并队行进。

李广就请求说:“我的职务是前将军，如今大将军却令我改从东路出兵。况且我从少年时就与匈奴作战，今日才有机会与匈奴对决。我愿意做前锋，先和单于决一死战。”大将军卫青，曾暗中受到皇上警告说，李广年老，命运不好，不要让他与单于对决，恐怕不能俘获单于。此时，公孙敖刚刚失去侯爵，任中将军，跟随大将军出征，大将军想让公孙敖跟随自己，去与单于对决，因此故意把前将军李广调开。

李广得知内情后，坚决要求大将军收回成命。大将军不同意，令长史写文书发到李广的幕府（将帅办公的地方），并对他说：“赶快到右将军部队中去，照文书上写的办。”李广不辞而别，心中非常恼怒，前往军中，领兵与右将军赵食其合兵后，从东路出发。军队没向导，有时会迷路，结果落在大将军之后。大将军与单于交战，单于逃跑，卫青没有战果，只好回兵。大将军向南越过沙漠，遇到前将军和右将军。

李广谒见大将军后，回到自己军中。大将军派长史带着干粮和酒送给李广，顺便向李广和赵食其询问迷路的情形。大将军卫青要给天子上书报告详细军情，李广没有回答。大将军派长史急切责令李广幕府人员，前去受审对质。李广说：“校尉们没有罪，是我迷路，我现在亲自到大将军幕府去受审对质。”

到大将军幕府后，李广对他的部下说："我从少年起，与匈奴交战七十多回。如今有幸跟随大将军出征同单于作战，可大将军调我部迂回绕远，偏又迷失道路，难道不是天意吗？！况且我已六十多岁，终究不能再受那些刀笔吏的侮辱。"于是就拔刀自刎。

李广军中所有将士，都为之痛哭。百姓听到这个消息后，相识与不相识的，不论老少，都为李广落泪。右将军赵食其，被单独交给执法官吏，应该被判为死罪，用财物赎罪后，降为平民。

桃李不言，下自成蹊

李广出身行武，以善骑射闻名，战功位至二千石，两次担任九卿，七任边郡太守，与匈奴大小七十余战。他廉洁奉公，不贪财，爱护士卒，与士卒同甘共苦，精神感人至深。士兵和百姓深切怀念他。李广爱护士卒的品质，也很有凝聚力。孔子曾经说过："如果领导人自身正直，那么不用下命令，人民也自然会按照他的意思去做。"这大概说的就是李将军！司马迁说："我看李将军，老实厚道像个乡下人，不善讲话。可他死时，天下不论认识他的，还是不认识他的人，都为他尽情哀痛。他因忠实的品格，确实得到了将士们的信赖呀！谚语说：'桃树李树不会讲话，树下却自然地被人踩出一条小路。'这话说的是小事，但可以用来比喻大道理。”司马迁给予李广很高的道德评价。

可是，李广历经文、景、武三朝，都不得封侯，既有客观原因，也有主观原因。客观原因是，汉武帝重用外戚，大将军卫青又重用老朋友公孙敖，把与匈奴单于对决的机会，留给公孙敖。李广善骑射，作战勇敢，但不讲究合围、夹击，打歼灭战，而只是击溃、驱赶驱散敌人而已，终究不能斩草除根，军事才能不如卫青。他耽误行军期限，有罪，可以缴纳赎金，免为庶人，但他不愿意受侮辱，缺少大度、容忍的态度，这点不如卫青。

李广自杀后，其子李敢、孙李陵都勇敢抗击匈奴。李敢怨恨卫青，在一次争执中击伤卫青，卫青隐匿不究。卫青的外甥、冠军侯兼骠骑将军霍去病，在围猎中用箭射杀李敢，汉武帝佯言说是鹿撞死了李敢。

李陵于天汉二年（前 99 年）深入匈奴作战，因寡不敌众，又被切断粮道，不得不投降匈奴。汉武帝知道后，杀死了李陵母亲、妻子和孩子全家。李家自此衰落。这是李家的悲剧。

十二、大将军卫青　骠骑将军霍去病

出身卑微，却有封侯之相

汉武帝三大将卫青、霍去病、李广利，皆出身低微，而且都由于本家的女性受到皇帝宠爱。而得到皇帝的重用。大将军卫青，平阳（今山西临汾）人，父亲郑季是平阳县吏，在平阳侯家服劳役，与平阳公主家的奴婢卫氏相好，生卫青。卫青，有同母兄弟姐妹卫长君、卫君孺、卫少儿、卫子夫等。因为姐姐卫子夫，在平阳公主家当歌伎，得到汉武帝的宠爱，所以冒充姓卫。

年少时，卫青跟人到甘泉宫，有囚犯给卫青相面说："这位贵人，将来官至封侯。"卫青笑说："人奴所生，能不挨打挨骂，就心满意足了，怎能想到封侯呢！"卫青长大，在平阳侯家当骑兵，时常跟随平阳公主。汉武帝建元二年（前139年）春天，卫子夫入皇宫，受到武帝宠幸。

当时卫青在建章宫做事。陈皇后之母、汉武帝之姑窦长公主，得知卫子夫受宠怀孕，就想杀掉卫青。

卫青的朋友骑郎公孙敖和一些壮士，把他抢了出来。

汉武帝得知此事后，让卫青当建章监（建章宫羽林军统率）,加侍中官衔。同母兄弟们都因此成为显贵，皇上赏赐，数日间，竟累积千金之多。

卫君孺做了太仆（官名，掌管皇帝的车马）公孙贺妻子。卫少儿原来同陈平曾孙陈掌私通，武帝便召来陈掌，使他显贵。公孙敖因此越来越显贵。卫子夫做了武帝的夫人（皇帝嫔妃的称号），卫青升为大中大夫（官名，掌议论）。

首次出征，杀敌数百

元光五年（前130年），车骑将军卫青讨伐匈奴，从上谷出兵；太仆、轻车将军公孙贺由云中（今内蒙古河套东部）出兵；大中大夫公孙敖为骑将军，由代郡（今河北山西交界一带）出兵；卫尉李广为骁骑将军，由雁门出兵，每军各有一万名骑兵。卫青领兵到达茏城，斩杀敌人数百。公孙敖损失七千名骑兵，卫尉李广被敌人俘获，逃脱而回。公孙敖和李广，都被判死刑，都缴纳赎金，免去死刑，成为平民。公孙贺也没有功劳。

元朔元年（前 128 年）秋天，车骑将军卫青从雁门出发，率领三万名骑兵攻打匈奴，斩杀敌人数千。

攻克河南，设朔方郡

第二年（元朔二年，前 127 年），匈奴侵入边境，杀死辽西太守，掳夺渔阳郡两千多人，打败韩安国将军的军队。汉朝命令李息将军，率军攻打匈奴，从代郡出兵；又命令车骑将军卫青，从云中出发，向西出击，直到高阙（今内蒙古巴彦淖尔，阙，què），于是攻取河南（今河套以南）地区，直到陇西，抓获敌人几千名，缴获牲畜数十万头，打跑白羊王和楼烦王。汉朝就把河套地区改为朔方郡。封卫青为长平侯（其地在今河南省西华县东北十八里），食邑三千八百户。校尉苏建有功，被封为平陵侯（其地在今湖北钧县西北），食邑一千一百户。校尉张次公有功，封岸头侯（其地在今山西河津县）。派苏建修筑朔方城。

汉武帝说："车骑将军卫青越过西河地区，直到高阙，斩杀敌军两千三百人，缴获全部的战车、辎重和牲畜，已被封为列侯，于是向西平定河南地区，斩杀敌人轻捷精锐的士卒，捕获敌人侦察兵三千零七十一人，捉到敌人的间谍，割下死敌的左耳，以计功劳，赶回敌人的一百多万只马、牛和羊，保全大军，胜利回师，增封卫青三千户。”

第二年，匈奴侵入边境，杀死代郡太守共友，侵入雁门，掳夺一千余人。第三年，匈奴大规模入侵代郡、定襄、上郡、杀死掳夺汉朝百姓几千人。

漠南之战，凯旋归来

河南，原为匈奴右贤王辖地，失去河南，右贤王不甘心，多次进犯。元朔五年（前 124 年）春天，朝廷命令车骑将军卫青率领三万名骑兵从高阙出兵；苏建、李沮、公孙贺、李蔡等人，受车骑将军卫青节制，一同从朔方出兵；李息、张次公从右北平出兵，攻打匈奴。匈奴右贤王率军抵挡卫青等人的大军，以为汉朝军队不能到达这里，喝得大醉。晚上，汉军来到，包围右贤王的军队；右贤王大惊，连夜逃跑，同一个爱妾和几百个精壮骑兵，急驰突围，向北而去。汉军轻骑校尉郭成等，追赶几百里，没有追上。汉军抓获右贤王之下的小王十多人，男女民众一万五千余人，牲畜数千百万头，于是卫青领兵凯旋。

卫青军队走到边塞，武帝派使者拿着大将军的官印，在军中任命车骑将军卫青为大将军，其他将军都受大将军卫青节制，大将军确立名号后，班师回京。汉武帝又加封卫青食邑六千户，又封卫青三个儿子为列侯，封公孙敖、公孙贺、李蔡、李息等十人为关内侯（爵位名），食邑自一千六百户到三百户不等。这年秋天，匈奴侵入代郡，杀死都尉朱英。

出兵定襄

第二年（元朔六年，前 123 年）春天，大将军卫青从定襄（郡治成乐，在今内蒙古和林格尔西北）出兵。合骑侯公孙敖为中将军，太仆公孙贺为左将军，翕（xī）侯赵信为前将军，卫尉苏建为右将军，郎中令李广为后将军，右内史李沮为强弩将军，都受大将军卫青节制，斩杀敌人几千而回。一个多月后，他们又全都从定襄出兵攻打匈奴，杀敌俘虏一万多人。右将军苏建、前将军赵信的军队，合为一军，共三千多骑兵，单独遇到匈奴单于的军队，同匈奴军交战一天多，汉军眼看将要被全歼。

前将军赵信，原本是匈奴人，投降汉朝后被降封为翕侯，如今看到军情危急，匈奴人又引诱他，于是率领剩余的大约八百名骑兵，投降单于。

右将军苏建丢了部队，独自一人逃回，返回大将军卫青帐下。儒生仪郎周霸，建议大将军斩杀苏建，以申军威。军正闳等认为，苏建以数千人抵当匈奴单于数万人，力战一天多，士兵都伤亡，不敢有二心，自己归队。如果斩杀，那就等于告诉所有将士，失败后不要返回部队。故不应当斩杀苏建。大将军说："虽然我有权处置苏建，但以我现在的尊宠地位，不敢擅自专杀，人臣不敢专权！应当由天子裁决此事。"大将军卫青让军吏把苏建关押起来，送往皇帝的行在（皇帝所在的地方），皇帝赦免其罪，交赎金后，废为庶人。卫青领兵进入边塞，停止征伐匈奴。

霍云病年少为将，勇冠三军

霍去病是卫青姐姐卫少儿之子。其父亲霍仲孺，河东平阳人，以县吏，到平阳侯家供事，与平阳侯侍者卫少儿相好，生霍去病。霍仲孺，吏事毕，归家，娶妇，生霍光。霍去病在卫子夫、卫青平步青云后，跻身贵戚少年之列。元朔六年（前123年），霍去病十八岁，受到武帝宠爱，为侍中。霍去病善于骑马射箭，两次随从大将军出征，大将军奉皇上之命，拨给他一些壮士，任命他为剽（piào）姚校尉。他同八百名轻捷勇敢骑兵，远离主力数百里，寻机杀敌，结果，杀敌俘虏数量超过损失。汉武帝说，“剽姚校尉霍去病，杀敌俘虏二千零二十八人，他的功劳，在全军两次数第一，封为冠军侯，食邑一千六百户。”冠军侯，其封地在今河南南阳附近。这一年，汉军损失了两位将军的军队，翕侯赵信逃亡，军功不多，所以大将军卫青没有增封。

张骞跟随大将军卫青出征。他曾经出使大夏（西域古国，其地约当今阿富汗中部，首都巴克特拉）被扣留在匈奴很长时间，他为大军做向导，熟知有水草的好地方，使大军免于饥渴，再加上他此前出使遥远国家的功劳，封张骞为博望侯（其地今河南方城县博爱镇）。

河西大捷

元狩二年（前 121 年）春天，汉武帝任命霍去病为骠骑将军，令其率领一万名骑兵，从陇西出兵，攻打匈奴，有军功。武帝说：

骠骑将军涉狐奴（庄浪水，在今兰州市西北，流经永登县城西），经过匈奴五国，五王皆休屠属部，当时休屠王驻凉州城（今甘肃武威市，武威城北有休屠城）。转战六天，越过焉支山（在今甘肃山丹东南）一千余里，与敌人短兵相接，杀匈奴折兰王、卢胡王，抓获浑邪王子及相国、都尉，杀敌八千余，缴获休屠王的祭天金人，加封霍去病两千户。

夏天，霍去病与公孙敖，率数万骑兵从北地郡（郡治马岭，在今甘肃庆阳县西北）出兵，分道进军；张骞、李广从右北平出兵，分道进军。他们都去攻打匈奴。李广率四千骑兵先到，张骞率领一万骑兵后到。匈奴左贤王率领数万骑兵，围攻李广部队，激战两天。李广部队士卒，死亡过半，杀敌数目，超过损失人数。张骞率部到达时，匈奴军队已撤走。因行军滞留不进而延误军机，博望侯张骞被判为死刑，交赎金后成为平民。

骠骑将军霍去病出北地后，深入匈奴腹地。公孙敖部因走错路，没能相会。骠骑将军越过居延泽（今内蒙古额济纳旗东），到达祁连山，抓获很多敌人。汉武帝说：

骠骑将军越过居延泽，经过小月氏（古族名，今甘肃青海一带），攻到祁连山，俘虏匈奴酋涂王，率众投降者有两千五百人，杀敌三万零二百人，俘获五个匈奴小王、五个匈奴小王的母亲、单于妻子及匈奴王子五十九个，还俘获匈奴相国、将军、当户（匈奴官名）、都尉等共六十三人，汉朝军队大概减损十分之三，增封霍去病五千户。

公孙敖因行军滞留不进，未能与骠骑将军霍去病会师，判为死刑，交赎金后成为平民。各位老将所率领兵士和马匹武器，不如骠骑将军。骠骑将军所率部队，由精兵组成。霍去病敢于深入敌境作战，常常和壮健骑兵，深入匈奴部。他的军队也有好运气，未曾被困绝境。但各位老将，经常因为行军迟缓落后，遇不到好战机，很久得不到提拔。此后，汉武帝越来越亲近骠骑将军。骠骑将军地位更加显贵，跟大将军卫青相仿佛。

受降

这年秋天，身处西方的浑邪王，屡次被骠骑将军所率汉军打败，损失几万人。匈奴单于大怒，想召浑邪王杀之。浑邪王和休屠王等，于是想投降汉朝。他们派人先到边境，迎接汉朝使者。这时，大行（接待宾客的官员，相当于外交官员）李息，率兵在黄河岸边筑城，见到浑邪王的使者后，立即向皇帝报告。皇上听到消息后，怕浑邪王用诈降的办法偷袭边境，于是命令骠骑将军霍去病，领兵前去迎接浑邪王和休屠王。

骠骑将军所部，已渡过黄河，与浑邪王部队，相距远远地，相互望着。浑邪王的副将们，看到汉朝军队，大多不想投降，纷纷逃走。骠骑将军霍去病，于是骑马跑到浑邪王阵地，同浑邪王相见，杀掉想逃走的八千人。于是，命浑邪王一个人乘着传车（驿站专用车辆），先到皇帝行在所（天子所在地方，天子自谓所居为行在所，即京师长安）。匈奴投降者有几万人，号称十万。

他们到达长安后，天子赏赐他们几十万钱，封匈奴降人为列侯。汉武帝诏书称赞骠骑侯霍去病说：

> 骠骑将军霍去病，率军攻打匈奴西域浑邪王，浑邪王及其民众投奔汉朝，骠骑将军用汉军粮接济他们。骠骑将军斩杀八千多人，使匈奴之王三十二人投降汉朝。汉军士卒无伤亡，十万匈奴民众全部归顺。他们承担军旅之劳苦，河塞地区几乎消除边患，希望永保安宁，赐予骠骑将军食邑一千七百户。

于是，减少陇西、北地、上郡戍守之兵的一半，减免全国百姓的徭役负担。朝廷把归降的匈奴人，分别迁徙到陇西、北地、上郡、朔方、云中等五郡。五郡都在河南地区，按照匈奴旧俗统治，作为汉朝的五个属国，这就是典属国。第二年，即元狩四年匈奴入侵右北平、定襄，杀掠汉朝一千多人。

漠北大捷，封狼居胥

汉武帝跟诸将说：降将赵信为匈奴出谋划策，以为汉军不能越过大漠，难以久留。我派出大兵，必能让匈奴措手不及。元狩四年（前119年）春天，武帝命令大将军卫青、骠骑将军霍去病，各率五万骑兵。几十万步兵和转运物资的人，跟随其后。精锐士兵，都归骠骑将军霍去病节制。骠骑将军从代郡出兵，大将军卫青从定襄出兵。郎中令李广为前将军，太仆公孙贺为左将军，主爵都尉赵食其为右将军，平阳侯曹襄为后将军，都归大将军节制。大军随即越过沙漠，人马共计五万骑，同骠骑将军等，共同攻打匈奴单于。

单于采纳降将赵信建议，把辎重运到北方，把精兵放在大漠以北，等待汉军。此时，大将军卫青军队，出塞一千多里。他看见单于兵马，排成阵势等在那里。于是大将军下令让武刚车（一种兵车，有巾有盖，可攻可守）排成环形营垒，又命五千骑兵纵马奔驰，抵挡匈奴。匈奴军派大约一万骑兵，奔驰而来。

这时，太阳将落，刮起大风，沙石打在人们的脸上，两军都无法看见对方，汉军又命左右两翼，急驰向前，包抄单于。单于看到汉军士兵多，兵马强大，交战于已不利。傍晚时，单于就乘着六头骡子拉的车，和几百名壮健骑兵，径直冲开汉军包围圈，向西北逃遁。

天已黄昏，汉军和匈奴人，相互扭打，伤亡人数大致相同。汉军从俘虏口中得知，天黑时分，单于已突围离去。于是汉军就派轻骑兵，连夜追赶。大将军军队，紧随其后。匈奴兵士四散奔逃。直到天快亮时，汉军已走出二百余里，没追到单于，却俘获和斩杀敌兵一万多人，于是到达阗颜山赵信城（今蒙古国杭爱山南侧，乌兰巴托市西南），获得匈奴积存的粮食，汉军留驻一日而回，把城中剩余粮食，全部烧掉，才回来。

大将军卫青与单于会战时，李广和赵食其两部，从东路进军，因为迷路，没能如期同大将军卫青会合，没赶上合击单于。直到大将军卫青领兵回到大漠南时，才遇到李广和赵食其。大将军想派使者，回到长安，报告汉武帝，就令长史，按文书所列罪状，审问前将军李广，李广自杀。右将军赵食其，回到长安后，被交给执法官员。赵食其交赎金，成为平民。大将军卫青此次出塞，总共斩获敌兵一万九千人。

骠骑将军霍去病率领五万骑兵，所带军需物资与大将军卫青相同，但没有副将，于是他任李敢等人为大校，充当副将，从代郡、右北平出兵一千余里，遇到匈奴东部军队，即左贤王军队，他们斩获敌兵的功劳，远远超过大将军卫青。

大军归来，武帝诏书说：

> 骠骑将军霍去病率领军队出征，又亲自率领所俘虏的匈奴士兵，携带少量军需物资，越过大漠，渡河捕获单于近臣章渠、屯头王、韩王等人，以及将军、相国、当户、都尉等八十三人，然后在狼居胥山（狼居胥山，今蒙古高原肯特山，胥，xū）祭天，在姑衍山（今蒙古高原东北，衍，yǎn）祭地，并且登上高山，瞭望大沙漠。（这就是典故“封狼居胥”的来历）共捕虏和杀敌七万零四百四十三人，汉军大概减损十分之二。他们夺得敌人粮食，行军极远，没有断绝军粮。增封骠骑将军霍去病食邑五千八百户。

其余将领，如路博德、徐自为、李敢等，都受封赏。大将军卫青，未得加封，军吏和士卒都没有封侯受赏。

当卫青和霍去病所率两支大军出塞时，在边塞阅兵，官府和私人马匹共十四万匹，而他们重回塞内时，所剩战马不满三万匹。战马损伤如此，人员伤亡也不在少数。

朝廷增置大司马官位，大将军卫青和骠骑将军霍去病，都做过大司马。朝廷定令，骠骑将军的官阶和俸禄，同大将军相等。此后，大将军卫青，权势日衰，而骠骑将军日益显贵。大将军卫青的老友和门客，多半离开他，去奉事骠骑将军霍去病，常常因此升官受爵，唯独任安不肯这样做。

匈奴未灭，何以家为

骠骑将军霍去病，为人寡言少语，不泄露别人的话，有气魄，敢做敢为。武帝曾想教他读《孙子兵法》、吴起《兵法》，他说："只看方略如何，不必学古代兵法。"武帝为他修建甲第（高级住宅），让骠骑将军去看，他说："匈奴未灭，何以家为。"因此武帝更重用和喜爱他。

但是，霍去病少时就在宫中侍候皇帝，地位显贵，却不知体恤士卒。他出兵打仗时，皇帝派遣太官（宫廷厨房）赠送他几十车食物。他回来时，辎重车上丢弃许多剩余米和肉，士卒却还有忍饥挨饿的。他在塞外打仗时，士卒缺粮，饿得站不起来，而骠骑将军还在营地画定球场，蹋球游戏。他做的事，很多都这样。大将军卫青为人仁爱善良，有谦虚退让精神，以宽和柔顺取悦皇上，然而司马迁认为天下人并不称赞他。

骠骑将军，元狩四年（前 119 年）出击匈奴，三年后，即元狩六年（前 117 年）就去世了。武帝很悲伤，调遣边境典属国铁甲军，从长安到茂陵排列成阵，给霍去病修建坟墓，外形像祁连山。霍去病受封为冠军侯。朝廷给他的谥号，把勇武与扩地，合并起来，称他为景桓侯。

其子霍嬗（子侯）嗣侯，汉武帝喜爱他，要等他长大后，用为将军。先当奉车都尉。跟汉武帝到泰山封禅，后来去世，无子，国除。

大将军卫青，元朔二年（前 127 年）受封长平侯。三子，在襁褓之中，都封侯，以后陆续失侯，或犯法免侯。元封五年（前 106 年）大将军卫青去世。这距攻打匈奴单于已十四年。这期间，汉朝军队，没有再攻打匈奴，因为汉朝马匹少，而且此时朝廷正向南讨伐东越和南越，向东攻打朝鲜，向西进击羌人和西南夷，因此长时间没有打击匈奴。

大将军卫青尚配汉景帝之女平阳公主，死后与平阳公主葬在一起。

自卫氏兴，大将军首封，其后，支属五人为侯。卫青从封侯到去世，前后二十二年，五侯都被夺掉侯国。征和二年（前 91 年），卫太子在巫蛊之祸中失败自杀，卫氏家族势力都被消灭。霍去病同父异母弟霍光，昭帝、宣帝时重臣，受封博陆侯，其子弟犯法，失去封侯身份。

清代史学家赵翼说：汉武帝“三大将皆出自淫贱苟合，或为奴仆，或为倡优，徒以嬖（bì）宠进，后皆成大功，为名将，此理之不可解也。”认为汉武帝三大将卫青、霍去病、李广利，都是因为家族中，有女性受到汉武帝的宠幸，而跟着沾光、成功，他感到不可理解。卫青出身平阳侯家骑奴，其姐卫子夫为平阳公主家歌伎，受汉武帝宠幸而被立为皇后。卫青以卫皇后同母弟身份为大将军，因征匈奴有功，被封长平侯。汉景帝女儿平阳公主寡居，卫青尚配平阳公主。霍去病是卫青姐姐卫少儿与平阳县吏霍仲孺之私生子，和卫青是甥舅关系。霍去病以卫皇后外甥任骠骑将军，因征匈奴有功，被封冠军侯。李广利的妹妹本是倡优，后得幸于武帝为李夫人。武帝任命李广利为贰师将军，伐大宛（yuān），封海西侯。

对此，赵翼很不理解。实际上，三大将正因为出身卑贱，他们才更加奋发努力，建功立业。虽然，他们因外戚身份得到宠幸，但他们能以才能贡献自己的力量。而那些贵族后代，骄奢淫逸，作奸犯科，无所事事，或失侯，或入狱，善终者少。汉武帝选任能人，不唯出身。司马相如说："盖世必有非常之人，然后有非常之事；有非常之事，然后有非常之功。非常者，固常人之所异也。"汉武帝能用非常之人，因此能建非常之功。从战术上说，卫青、霍去病都是以优势骑兵夹击、包围敌人并歼灭其有生力量，勇猛直前，军纪严格，赏罚分明。卫青谦逊，懂得怎样与皇帝相处。司马迁回忆，苏建曾对他说："我曾经责备大将军卫青位极尊贵，全国贤士大夫却不称赞他。我希望大将军能够效法古代名将，招选贤人"。大将军拒绝，说："魏其侯窦婴、武安侯田蚡，厚待宾客，皇帝常常痛恨得咬牙切齿。亲近、安抚士大夫，招纳贤才，罢免不肖，是皇帝的权力。大臣只须遵守法度，尽职尽责，何必招选贤士？”骠骑将军霍去病，也仿效这种做法，这就是他们的为将之道。

十三、司马相如与卓文君：凤求凰

汉代文学，以司马迁、司马相如为最有建树者。司马迁长于史学，司马相如长于汉赋。两司马犹如汉代文史领域的双子星，相互辉映。千百年来，司马相如与卓文君的爱情故事，也吸引着后世年轻人。

早年仕宦不成功，遨游四海到临邛

司马相如，蜀郡成都人，字长卿。他少时喜欢读书，学习剑术，名犬子。他完成学业后，仰慕战国时赵国相蔺相如为人，改名相如。最初，他凭借家财，被授予郎官。郎，皇帝的侍从人员。衣食足而知荣辱，为制止官吏贪财，除市籍商人外，国家限定，凡家庭资产十万才可以为郎。侍卫汉景帝，为武骑常侍，但这非其所好。汉景帝不喜欢辞赋。这时梁孝王来京城长安，朝见景帝。随从都是善游说的人，有齐人邹阳、淮阴人（今江苏淮安）枚乘、吴人庄忌先生等。司马相如见到他们，就喜欢这些人。他因病免官，旅居梁国，与这些读书人和游说之士，相处好几年，于是写出《子虚赋》。

梁孝王去世后，相如返回成都，这几年家中没有什么进项，因此，家道中落，他又没有自谋生计的手段和技术。早年间，司马相如同临邛（今四川邛崃县，邛，qióng）县令王吉相友善，王吉说："长卿，你长期在外当官，不太顺，来我这里看看吧。"于是，相如前往临邛，住在临邛城内客馆里。

临邛县令设计谋，抬高身价引关注

临邛王县令，假装恭敬司马相如，天天都去拜访司马相如。司马相如的身价就上来了。二人在客馆里商量出一个计划，即，王县令和司马相如一起，上演一场王县令敬重司马相如、抬高其身价的大戏，为司马相如大造声势，招亲娶妻。最初，相如以礼相见。后来，他就谎称有病，让随从谢绝县令拜访。然而，王县令更加谨慎恭敬。这再次抬高了司马相如的身价，也提高了他的知名度。王县令如此敬重司马相如，引起临邛城里富人们的兴奋、关注。

临邛富人咬鱼钩，卓王孙家中大宴客

果然，司马相如的身价、名声提高后，就有富人想巴结他。临邛县里富人多，卓王孙家就有家奴八百人，程郑家也有数百人。[1]两人都是汉武帝时西南地区的大富豪。二人相互商量说："王县令有贵客，我们备办酒席，好好招待他。"一并把县令也请来。王县令到卓家后，卓家客人已经有上百了。中午，卓家去请相如，相如却推辞有病，不肯前来。这又是司马相如抬高自己身价的一招。临邛县令见相如没来，不敢进食，亲自前去迎接相如。王县令又抬举司马相如一次。相如不得已，

[1] 蜀地卓氏，本为赵人，以冶铁致富。秦灭赵后，迁徙卓氏。卓氏夫妻独自推车到迁徙地。同时被迁徙的人家只要稍有多余钱财，便争着送钱财给主事的官吏，央求迁徙到近处，在葭萌县（今四川广元，葭，jiā）安顿下来。只有卓氏说："葭萌地方狭小，土地瘠薄。我听说汶山下面是肥沃的田野，地里长着大芋头，形状像蹲伏的鸱（chī）鸟，一辈子都不会挨饿。那里的百姓善于交易，容易做买卖。"于是就要求迁到远处，结果被迁移到临邛。卓氏非常高兴，就在有铁矿的山里熔铁铸械，用心筹划计算，财势压倒当地的居民，财富多，光奴仆就有一千人。他在田园水池，尽享射猎游玩之乐，富可比国君。程郑也是从东方迁徙来的降民，也经营冶铁铸造，把铁器卖给西南地区少数民族，他的财富与卓氏相等，与卓氏同住在临邛。

勉强来到卓家，满座客人都仰慕其风采。

卓文君貌美爱音乐，司马相如弹奏《凤求凰》

酒兴正浓时，临邛县令走上前去，捧上一张琴，放到相如面前，说："我听说长卿喜欢弹琴，望弹奏一曲，以助酒兴。"相如辞谢一番，便弹奏了一两支曲子。

卓王孙女儿卓文君，刚守寡不久，喜欢音乐。西汉刘歆《西京杂记》卷二说："文君姣好，眉色如望远山，脸际常若芙蓉，肌肤柔滑如脂，十七而寡，为人放诞风流。"司马相如的真实想法，就是要娶富家千金小姐，才弹奏琴曲，上演一场凤求凰。所以，司马相如佯装与王县令相互敬重，而实际上用琴声暗中挑动卓文君的爱慕之情。徐陵编《玉台新咏》卷九中，收有司马相如《琴歌二首》：

凤兮凤兮归故乡，
遨游四海求其凰。
时未通遇无所将，
何悟今夕升斯堂。
有艳淑女在此方，

室迩人遐独我肠。
何缘交颈为鸳鸯。

凰兮凰兮从我栖
得托孳尾永为妃。
交情通意心和谐
中夜相从知者谁？
双翼俱起翻高飞，
无感我心使予悲。[1]

因为相如来临邛时，许多车马紧随其后，他从容大方，仪表堂堂，举止文雅，车马、随从、衣服、鞋帽等，都很漂亮。待到卓王孙家喝酒、弹奏琴曲时，卓文君从门缝里偷偷看他，心中高兴而喜欢上他，又担心配不上他。宴会完毕，相如就派人，用重金赏赐文君的侍者，由侍者代他向卓文君转达倾慕之情。卓文君爱慕司马相如的才能，于是，卓文君乘夜逃出家门，逃至相如住的客馆，二人急忙赶回成都。卓文君

[1] 《玉台新咏》卷九，上海书店 1988 年版，据世界书局旧版本影印。

到相如家一看，空无一物，只有四面墙壁立在那里。

当垆卖酒装穷困，卓王孙分钱一百万

卓王孙得知女儿私奔后，大怒道："我女儿太没出息，我不忍心伤害她，但是我也绝对不会分给她一文钱。"有人劝说卓王孙，不要如此绝情，但他始终不肯听。卓文君出身富人家庭，过不惯苦日子，一段时间后，郁郁寡欢，说："长卿，只要你同我一起去临邛，向兄弟们借贷，完全可以维持生活，何至于让我们穷苦到如此境地！"

相如就同文君来到临邛，卖掉车马，买下一家小酒店卖酒。司马相如穿起犊鼻裤（像牛犊鼻子的短裤，犊，dú，类似围裙），卓文君站在垆前（垆，lú，酒店里安放酒瓮的土台）卖酒，与雇工们一起操作忙活，在闹市中洗涤酒器。临邛首富女儿当街卖酒，这成了临邛城里的一件新鲜事儿，人人皆知。

卓王孙听说后，深以为耻，闭门不出。卓王孙的长辈，都劝说卓王孙，说："你有一个儿子两个女儿，家中不缺钱财。如今，文君已经成了司马相如的妻子，司马相如只是在外仕宦时间久，有些厌倦奔波，他目前虽然贫穷，但他确实是个人才，将来必定有出头之日，卓文君完全可以依靠他。而且他又是王县令的贵客，为什么偏偏让他们受这样的委屈！”卓王孙不得已，只好分给卓文君家奴一百人，一百万钱，及衣服被褥和各种财物。文君于是和相如回到成都，买房子置办田地，成为富有的人家。

《子虚赋》盛称齐楚山林广大，司马相如重出为郎官

司马相如闲居，但他积极谋划前途。他把《子虚赋》，托给同乡——上林苑中狗监（掌管猎狗）杨得意。杨得意是蜀地人。杨得意侍奉汉武帝，呈送《子虚赋》给汉武帝。一天，武帝读《子虚赋》，以为是古人所作，称赞说：“我怎么没能和作者生活在同一个时代，真是太遗憾了！”杨得意说：“我的同乡司马相如说，是他作了《子虚赋》。”武帝很惊喜，于是召司马相如询问。司马相如说：“有这件事。但是这篇赋只写诸侯之事，不值得看。请让我写篇天子游猎赋，写成后进献给皇上。”武帝答应，并命令尚书给他笔和木简。司马相如设子虚、乌有、无是公三人，写成问答体文章。司

马相如假借这三个人的话，敷陈天子和诸侯苑囿（指园林，yuàn yòu）的美景。相如把赋进献给汉武帝后，汉武帝特别高兴，任命他为郎官。

出使巴蜀，作《告巴蜀太守》檄文、《难蜀父老》

司马相如担任郎官数年，元光六年（前129年）正逢唐蒙受命，经略开通夜郎（夜郎国，在今贵州关岭）及其西面的僰中（僰，bó，古代部族名，在今滇池附近），征发巴、蜀两郡的官吏士卒上千人，巴、蜀两郡又多为他征调陆路及水上运输人员一万多人。唐蒙又依军兴法，杀了不服征调的当地首领，巴、蜀百姓大为震惊恐惧。汉武帝听到这种情况后，就派司马相如，去责备唐蒙，同时告知巴、蜀百姓，唐蒙所为并非皇上的本意。檄文说：

告示巴、蜀太守：蛮夷自擅兵权，不服朝廷，久未讨伐，时常侵犯边境，使士大夫蒙受劳苦。当今皇上即位，慰问安抚天下，使中原安宁和睦，然后调兵出征，北上讨伐匈奴，单于惊慌害怕，拱手称臣，屈膝求和。康居（古国名，今哈萨克斯坦南部一带）与西域诸国，也都辗转翻译，沟通语言，请求朝见皇帝，虔敬地叩头，进献贡物。然后大军直指东方，闽越（东南地区古族名，今福建一带）围攻东瓯（在今温州），汉发兵救东瓯，闽越撤军而去。闽越又攻南越，汉派兵攻闽越，救南越，大军挥师番禺（南越国都，今广东广州，pān yú），南越（古国名，今广东广西一带）国王派太子婴齐入朝。南夷君主，西僰首领，都经常进献贡物和赋税，不敢怠慢，人人都伸长脖颈，高抬脚跟，景仰朝廷，争相归顺，愿做汉朝的臣仆。只是道路遥远，山河阻隔，不能亲自来向汉朝君主致意。现在，不顺从者已被诛杀，而归顺者尚未奖赏，所以派遣中郎将前来以礼相待，使其归附。

至于征发巴、蜀两地的士卒百姓各五百人，只是为供奉礼品，保护使者不发生意外，并没想到要进行战争，造成战争的祸患。如今，皇上听说中郎将唐蒙，竟然动用军兴法，使巴、蜀子弟担惊受怕，巴、蜀长者父老忧虑将由此产生灾难。巴、蜀二郡又擅自为中郎将转运粮食，这都不是皇上的本意。至于应当被征发的人，有的逃跑，有的自相残杀，这也不是为臣者的节操。

边疆郡县士卒，得知烽火高举、燧（suì）烟点燃的消息，都张弓待射，驰马进击，扛着兵器，奔向战场，人人都汗流浃背，唯恐落后；打起仗来，即使身触利刃，冒着被流矢射中的危险，也义无反顾，从没想到掉转脚跟，鞋底抹油，向后逃跑。人人都怀着愤怒的心情，如报私仇一般。他们难道乐死恶生，不是编户齐民，或者与巴、蜀百姓不是同一个君主吗？只是他们思想深邃，虑事长远，一心想着国家的危难，乐于去履行臣民的义务罢了。所以，他们中，有人得到剖符拜官的封赏，有的分珪（guī，玉器）受爵，位在列侯（爵位名），甲第都位于长安未央宫东的东第区。他们死后，可获得显贵的谥号，传于后世，受封赏的土地，传给后代子孙。他们做事非常忠诚严肃，当官特别安逸，好名声传播延续到后世，功业卓著，永世不灭。因此有贤德的人们，都愿肝脑涂地，碧血浇灌沃野，在所不辞。

现在仅仅是承担友好交往的差役，去南夷地

区，就自相残杀，或者逃跑被杀，身死而无美名，将给予他们不好的谥号，耻辱连累父母，被天下人所耻笑。人的度量的差距，怎么这么大？但这也不只是应征之人的罪过，父兄们平素没给他们很严格的教育，也没有谨慎地给子弟们做出表率。人们缺少清廉的美德，不知羞耻，则世风也就不淳厚。他们遭到判刑杀戮，不也是应该的吗？

皇上担心使者和官员们胡作非为，又痛心边民愚蠢，所以派遣信使，晓谕百姓征发士卒之事，趁机责备他们不忠于朝廷，不能为国事而死；斥责负责教化的地方官员，不能很好地履行教诲职责。现在正是农忙时节，一再烦扰百姓，我已经亲眼见到了附近县城的情况，担心偏远溪谷山泽间的百姓，不能全都听到皇上的心声。待这篇檄文一到，赶紧下发到县道（有蛮夷居住的县，称道）百姓那里，使他们全都知道皇上的心意，千万不要忘记！

相如出使完毕，回到长安，向汉武帝汇报。唐蒙已经略、开通夜郎，趁机开通通向西南夷的道路，征发巴、蜀、广汉（郡名，郡治今四川金堂县南）士卒，数万人参加修路，两年没有修成，士卒多死亡，费钱以亿计。蜀地民众及朝廷当权者，多提出不同意见。这时，邛（邛在今四川乐山市西）、筰（zuó，今四川汉源、石棉、泸定、荥经等县地族名）君长，听说南夷与汉朝交往，得到很多赏赐，心生羡慕，多数都想归顺汉朝，希望比照南夷，请求汉朝委任他们官职。

汉武帝向相如询问此事，相如说："邛、筰、冉（今乐山市西南）、駹（máng，今乐山市西南）等部族，离蜀郡（今四川成都一带）很近，很容易开通道路。秦时曾设置郡县，汉初废除。如今皇上真要重新开通道路，建立郡县，其价值将超过南夷。"

汉武帝认为司马相如说得对，任命相如为中郎将，令其持节出使。副使王然于、壶充国、吕越人等人，乘坐四匹马驾驭的驿车，向前奔驰，通过巴、蜀官吏，用财物去笼络西南夷首领。

相如等到达蜀郡后，蜀郡太守及其属官，到郊外来迎接相如。县令背负弓箭，前面开路，蜀人以此为荣。于是卓王孙、临邛诸位父老，来到相如门下，献上牛和酒，与相如把酒言欢，畅叙欢乐之情。卓王孙喟然感慨，自以为把女儿嫁给司马相如太晚了，便把丰厚的财物分给卓文君，儿女平分财产。

司马相如平定西南夷。邛、筰、冉、駹、斯榆（当时少数民族部族名，在今西昌一带）的君长，都请求成为汉朝臣民。汉朝拆除原有关隘，扩大边关，西边到达沫水（今大渡河）和若水（今雅砻江），南边到达牂柯（河名，zāng kē，今贵州境内北盘江），并以此为边界，开通灵关（今四川峨边）道，在孙水（孙水，若水支流，今安宁河）上架设桥梁，直通邛、筰。相如返回长安报告皇帝，汉武帝非常高兴。

相如出使西南夷时，蜀郡年长者多半都说，开通西南夷，没什么用，即使是朝廷大臣，也持相同意见。相如也想向皇帝进谏，但他以前已经提出建议，不敢再进谏言，于是就作《难蜀父老》。

大意是：汉朝建国七十八年，历六代帝王盛德，威武恩德，普降群生，洋溢国外，天子派使者到成都，蜀都士大夫缙绅之徒二十七人造访，说，通西南夷，浪费人力，无益于汉。使者说，盖世有非常之人，然后有非常之事；有非常之事，然后有非常之功。非常者，固常人之所异。大禹治水，东归于海，天下永宁。普天之下，莫非王土，率土之滨，莫非王臣。远方之地，不通舟舆（车），人迹罕至，政教未加，风俗不纯。又侵犯边境，邪行横作，杀伤君上，君臣易位，尊卑失序，兄弟不亲，幼儿孤儿沦为奴婢。他们羡慕汉朝，如枯旱望雨，所以汉朝派出使者通西南夷，将使远方得到光明幸福，遐迩一体，中外提福。王事未有不始于忧劳勤奋，终于安乐幸福。而且这是王者受天命之福瑞，也是将来封禅泰山，报功于天地的大事。蜀都士大夫，终于接受通西南夷。

此后，有人上书告发司马相如出使时，接受别人的贿赂，他失掉官职，在家赋闲一年多，才又被重新召回朝廷，当了郎官。

《子虚》《上林》《长门》《封禅》，司马相如汉赋天下第一家

相如口吃，却善于写文章。后来写了很多赋，《汉书·艺文志·诗赋略》说，司马相如赋二十九篇。如《上林赋》《长门赋》《封禅赋》都很有名，为汉赋第一大家。他患有糖尿病。他同卓文君结婚后，很有钱。他当官

后，不肯同公卿们一起商讨国家大事，称病在家闲居，不追求官爵。

他曾跟随汉武帝，到长杨宫（汉宫名，今陕西周至县东南）打猎。这时，汉武帝正喜欢亲自击杀熊和猪，驰马追逐野兽，相如上疏，劝谏皇帝，出外打猎有危险。他引用谚语“富人家积累千金，其家儿子不坐在堂屋房檐底下（以防被掉下的房瓦砸死）”，说明皇帝的安危，比富人更重要。汉武帝认为，司马相如说得非常好。回来路过宜春宫时，相如向汉武帝献赋，反思秦二世行事的过失。相如被任命为汉文帝陵园的陵园令。

武帝赞美司马相如所作《子虚赋》，相如看出皇上喜爱仙道，趁机说：“上林之事（指《上林赋》）算不得最美好，还有更好的。臣曾经写过《大人赋》，但没有完稿，请允许我写完后献给皇上。”相如认为传说中的仙人，居住在山林沼泽之间，但形体容貌特别清瘦，不是帝王心中的仙人形象，于是写成《大人赋》，赋中写道：“世上有位大人啊，居住在中原。住宅满布万里啊，竟不足以使他稍微停留。”汉武帝特别高兴，飘飘然，有腾云驾雾、遨游天地间的感觉。

相如因病免官，住在茂陵邑。汉武帝说：“司马相如病得很厉害，可派人去把他写的书，全部取回来，否则以后就散失了。”派所忠（人名，姓所名忠）前往，而相如已经去世，家中没有书。所忠问相如之妻卓文君，她说：“长卿本来就不曾有书。他时时写书，别人就时时取走，家中没有书。长卿未死时写过一卷书，他说，如有使者来取书，就把它献上，别无他书。”相如留下来的书，写封禅的事，卓文君交给所忠。所忠再把书进献给天子，天子对这部书很惊异。

司马相如去世五年后，汉武帝才开始祭祀土地神。他死后八年，天子先祭祀中岳嵩（sōng）山，然后又封泰山，再到梁父山下，禅肃然山。相如其他著作，如《遗平陵侯书》《与五公子相难》《草木书》等篇，司马迁《史记》不收录，仅收录在公卿间广泛传诵的作品。

司马相如是汉代大辞赋家，著有《子虚赋》《上林赋》《长门赋》《封禅赋》等，前人多认为司马迁极爱其才，故其列传中不厌其烦地记载其赋。但事实并非如此简单。汉武帝问司马相如，开通西南夷如何。他说，重新开通西南夷，设置为郡县，其价值超过南夷。汉武帝接受其建议，开通西南夷，但是祸患随之而至。

司马迁在《平准书》中说，唐蒙、司马相如开通西南夷，凿山千余里，扩大巴蜀与外界的交流，巴蜀百姓十分疲劳。这显示出司马迁不满司马相如，不隐瞒其对汉武帝的逢迎。司马迁斥责卫青、霍去病屡次征伐匈奴，又不能降服匈奴，造成士兵伤亡，耗尽国家财力，司马迁将《司马相如传》排在《西南夷列传》后，正如将《卫青霍去病列传》置于《匈奴列传》后，同样微言大义。至于司马迁说到司马相如以琴挑动卓文君，是讽刺司马相如的生活作风问题。

十四、张骞：通西域、促进中西交流

西域，指玉门关和阳关（都在甘肃敦煌）以西，葱岭（葱岭，今帕米尔高原）以东的广大地区。从广义上说，西域还包括葱岭以西更广阔的地方。汉武帝时，汉朝和周边少数民族交往频繁。各少数民族派使者来到长安，未央宫北藁（gǎo）街西头的蛮夷邸，就是供各国使者来京居住的邸第。同时，汉武帝派出大批使者，前往周边少数民族政权。因为语言不同，地域辽阔，汉朝使者的出使，增进了汉朝与其他周边民族的交流。在汉朝使者中，最著名的使者有苏武、张骞。苏武出使匈奴被扣留，不辱使命，在北海（今贝加尔湖）牧羊十九年回到汉朝，表现出了对汉朝的忠诚。张骞两次出使西域，第一次出使被匈奴扣留十年，第二次出使，沟通汉和乌孙（今巴尔喀什湖、伊犁河一带）、大月氏（今阿姆河北岸一带）、大夏（今阿姆河南岸一带）、安息（今伊朗）等国，促进了汉朝和西域各国的交流。

建元三年（前 138 年），张骞第一次出使西域

《史记》卷一百二十三《大宛列传》中说，大宛（西域国名，其地在今哈萨克斯坦境内，首都贵山城，今卡塞散）的土地山川，是张骞发现的。张骞是汉中（郡治西城，今陕西安康市西北）人。汉武帝建元年间（前 140—前 135）被任命为郎官。汉武帝向匈奴降人询问西域之事。匈奴降人说，匈奴攻破月氏（yuè zhī），[1] 用月氏王的头颅做成酒器。月氏因此向西逃避匈奴，并时常怨恨匈奴，想要抗匈奴，迫切需要有人能和他

[1] 月氏，西域国名，最初活动在今甘肃武威、张掖、敦煌一带，南倚祁连山；后被匈奴打败，西迁至今新疆伊犁河流域；后又被匈奴、乌孙所驰逐，西迁至今阿富汗北部的喷赤河流域，在当时的大宛西南。

们联合，共同打击匈奴。

汉武帝正想消灭匈奴，听说这件事后，就想派人出使月氏。可去月氏，匈奴是必经之路，于是就招募使者。张骞以郎官的身份应募，与堂邑氏匈奴奴仆[1]甘父一起，率一百余人，离开陇西（今甘肃临洮），出使月氏。

建元三年（前 138 年）张骞从长安出发，越过乌鞘岭（今甘肃武威。鞘，qiào），过玉门关、阳关，进入河西走廊。当时，匈奴浑邪王和休屠王控制河西走廊。再往西，就是西域。西域，从狭义上讲，指今天新疆南疆，东起罗布泊，西至帕米尔高原，北至天山，南至昆仑山，中间为塔里木盆地。汉武帝时，西域各国才与汉朝有交往。本来为三十六国，后来分裂为五十余国，居民是雅利安人种。东西长六千余里，南北宽一千余里。从广义上看，西域还包括帕米尔高原以西的整个世界。西域当时处在匈奴控制之下。匈奴日逐王设置僮（tóng）仆都尉，经常率领几千骑兵，往来于焉耆（yān qí，今新疆巴音郭楞蒙古自治州焉耆回

[1] 堂邑，汉县名，县治在今江苏六合县西北。堂邑奴，匈奴人，堂邑县某富人家的奴隶。

族自治县)、危须(今焉耆东北)、尉犁(尉，yù，今新疆巴音郭楞蒙古自治州尉犁县)一带，监视西域各族，征收赋税，掠夺财物。

张骞使团经河西走廊，被匈奴所虏，送往单于王庭(今内蒙古呼和浩特)。张骞说明，要出使大月氏。单于说:“月氏在我北边，汉朝为何要派使节前往？我如果想派人出使南越，穿过汉朝国土，汉朝肯听凭我们的人经过吗？”匈奴扣留张骞十多年，不准他们前往大月氏。张骞人高马大，坚强勇武，待人宽厚，能使人信服。匈奴人爱他，并给他娶妻，后来张骞有了儿子，然而张骞仍保留着汉朝使者的符节，不失使者身份。

因居住在匈奴西部，张骞趁机率其部属，向月氏逃亡，往西跑了几十天，到了大宛。大宛距汉朝一万余里。居民土著(世代定居于此)，土地肥沃，居民种植稻麦，物产丰富，人口数十万。有城郭室屋，大小城邑七十多座，无战争之患。国民以农耕为主，并擅长酿造葡萄酒，产量一万余石(约一百万升)，能保存十年。汗血马，奔驰如飞。兵器，有弓矛骑射。大宛王，早就听说汉朝财物丰富，想和汉朝交往，可找不到机会，见到张骞非常高兴，问："你们想到哪里去？"张骞说："我们代表汉朝出使月氏，可匈奴封锁道路，不让我们通行。现在逃到贵国，希望大王能派人带路送我们去。假如能够到达月氏，我们返回汉朝后，汉朝送给大王的财物一定多得不可尽言。"大宛王认为可以，就护送他们去月氏，并为他们派遣了翻译和向导。送到康居（今乌兹别克斯坦和塔吉克斯坦）后，康居用传车将他们送到大月氏。

大月氏，原来住在河西走廊，秦末受到匈奴打击，西迁到伊犁河流域，称大月氏。大月氏又受到乌孙打击，再往西迁到妫水（今阿姆河，妫，guī）流域，征服大夏，定居于此。此地土田肥沃，物产丰富。大月氏王已被匈奴所杀，太子被立为王。国王心境悠闲安乐，又自认为距离汉朝遥远，不想亲近汉朝，全然没有向匈奴报仇的心思。张骞从月氏到大夏，没得到大月氏国王的明确表示，[1] 逗留一年多后，只得返回。

元朔三年（前 126 年），张骞便带着匈奴妻、子，以及堂邑父一起，逃回汉朝。当初张骞出使时有百余

[1] 原文为"不得要领"。

人，现在只剩了张骞和堂邑父甘父，回到长安。朝廷授予张骞太中大夫的官职，封堂邑父为奉使君。张骞性格坚强有毅力，宽宏大量，对人讲信用，蛮夷（指少数民族）很喜欢他。堂邑父是匈奴人，善于射箭，处境窘迫时，堂邑父就射捕禽兽来供给他们食用。

张骞第一次出使西域，未达到预期目的，但他亲身到过大宛、乌孙、康居、大月氏、大夏、安息、条枝、大夏，了解这些国家及其周边国家的情况，回到汉朝长安，向汉武帝报告。他前后达十余年，历尽艰险，获得大量闻所未闻的资料，故张骞出使西域被称为“凿空”。

西域各国情况

《史记》卷一百二十三《大宛列传》中详细记载了这些国家的情况。班固《汉书 · 张骞传》记载了张骞的事迹。《汉书 · 西域传》详细记载西域各国的山川、物产、土地、风俗等情况。张骞通西域，增进了汉朝人对西域的了解。

大宛（首府贵山城，又称贰师城，今土库曼斯坦阿斯哈巴特城）在匈奴西南，在汉正西，离汉朝大约万里。居民土著，耕田，种稻麦，有葡萄酒，多善马，即汗血马（通常认为这种马出汗呈鲜红色）。[1] 大宛有城郭屋室，下属有大小七十余城，众可数十万，其兵弓矛骑射。其北则康居，西则大月，西南则大夏，东北则乌孙，东则扜弥、于窴。于窴之西的蒲犁，其西北的莎车、疏勒，河水都东北流；大月氏、大宛、康居一带，河水才向西流，流入西海，即今咸海。其向东流的水，流入盐泽（今新疆东部的罗布泊）。盐泽潜流地下，其南支为黄河源头（实际上，黄河发源于青海省巴颜喀拉山北麓）此地盛产玉石，河水或明或暗地东流，连接盐泽，东行至积石山（今甘肃临夏西北），流入中原地区。楼兰国[2]、姑师国[3]，这两个国家，都有

[1] 2002 年 6 月 19 日《北京青年报》报道：土库曼斯坦国家领导人赠送中国领导人的汗血马，空运至天津，暂时放置于廊坊马场。专家刘忠原解释，这种马长得清秀，血管比较暴露，运动后体表血流量大，可能会造成汗液如血的视觉效果。此马虽不能日行千里，但是却保持千米一分七秒的速度记录。这种马，其祖先为天马子。

[2] 西域小国，故址在今罗布泊西北。东汉时改称鄯善，现存楼兰古城建于东汉。古楼兰地区的居民种族，以欧洲人种的地中海东支类型占优势。

[3] 即车师，分前后两国，车师前国的国都交河城，在今新疆吐鲁番市城西；车师后国，在吐鲁番市北的天山南侧。车师前国的交河古城，在今吐鲁番市西约十公里，现存遗址为唐代及其以后的建筑。

城郭，临近盐泽（车师前王庭，距离盐泽约八百里），盐泽离长安约五千里。匈奴右贤王部，在汉武帝反击匈奴前，其东境占据今内蒙古河套一带，其南为汉朝上郡（今陕西东部），卫青、霍去病抗击匈奴后，右贤王部西移，西域诸小国附属匈奴者，都位于盐泽以东。其西境至陇西长城，其南与羌人（即居住在今甘肃河西走廊与青海东部地区的羌族部落）接境，隔绝了汉与西域各国的相通之道。

乌孙[1]在大宛东北约二千里，游牧之国，习俗与匈奴相同。有挽弓射箭的青壮年数万人，善战好战。以前臣服匈奴，当其强盛时，仅仅与匈奴保持羁縻性质的归属，即外示松散的口头臣服、内实自由独立的局面，不肯去朝拜匈奴。

康居[2]在大宛西北约二千里，游牧之国，与大月氏习俗通，有挽弓射箭的青壮年九万人。与大宛相邻。因为国家小，对于南面的月氏，东面的匈奴，保持羁

[1] 地处天山北麓，极盛时占有整个伊犁河流域、西天山的广大土地，王庭在今伊塞克湖南岸不远的赤谷城。国土包括今新疆西北、哈萨克斯坦东南、吉尔吉斯斯坦东部及中部。巴尔喀什湖东南、伊犁河流域。

[2] 活动范围主要在今哈萨克斯坦南部，及锡尔河中下游。

縻性质的归属，即外示松散的口头臣服、内实自由独立的局面。

奄蔡[1]在康居西北二千里，游牧之国，与康居习俗相同。有挽弓射箭的青壮年十多万人。其国临近大泽，大泽无涯无际，乃是北海（指哈萨克斯与乌兹别克斯坦交界的咸海，以及哈萨克斯坦与俄罗斯、阿塞拜疆、伊朗交界的里海）。

大月氏[2]在大宛西约二三千里（实际在大宛西南），在妫水北（即阿姆河，流经乌兹别克斯坦与土库曼斯坦境），其南则大夏，西则安息[3]，北则康居。游牧之国，随畜牧迁徙，与匈奴习俗相同。有挽弓射箭的青壮年一二十万。以往当战国和秦统一时，强盛，轻视匈奴，匈奴头曼单于派其太子冒顿到其西邻月氏国为人质，当时大月氏国居住在今河西走廊一带。当汉高祖

[1] 也称阖苏，其地在咸海、里海一带，大部分在今哈萨克斯坦境内，南部分别在土库曼斯坦和乌兹别克斯坦境内。

[2] 本居河西走廊，匈奴右贤王部攻大月氏，于是大月氏分散。西迁至今新疆和阿富汗的大部分月氏人，汉人称之为大月氏；迁入青藏高原东北部今青海省的小部分月氏，汉人称之为小月氏。

[3] 西域古国，即世界史上所说的帕提亚王朝，在今伊朗境内，国都番兜城，即德黑兰东部之达姆甘。

至汉文帝时，冒顿单于杀父自立，首先攻破东胡，其次又向西击退月氏，向南占领河套一带。到冒顿单于三十三年（前177年），又命右贤王西击月氏，迫使大部分月氏人西迁到今新疆伊犁河流域，少部分逃入祁连山，与羌族人融合。到老上君单于（前174—前161年在位）时，杀月氏王，以其头做饮器（也称溺器）。开始，月氏居于敦煌、祁连山之间，等到他们遭到匈奴致命打击，于是向西逃过葱岭，在妫水北（今阿姆河流域）定居下来，建立王庭（游牧民族君主大本营），其地在今乌兹别克斯坦的铁尔梅里一带。其余小部匈奴人不能离开，他们就投靠依附祁连山羌族，号称小月氏。

安息，在大月氏西数千里。其习俗土著，耕田，种稻麦，盛产葡萄酒。城邑如大宛一样。其下有数百个大小城，土地方圆数千里，是最大的国家。临近妫水（阿姆河），有市场，居民商贾用车及船，远行附近国家或数千里做买卖。钱，为银钱，钱币上铸有其国王的头像。老国王一死，就改铸新钱，铸上新国王头像。以皮革为纸，横行书写。安息西为条枝，北有奄蔡、黎轩（在今土耳其境内）。

条枝[1]在安息西数千里，临西海。暑热，湿润。耕田，种稻。有大鸟，鸟蛋像瓮，(阿拉伯有鸵鸟，鸟行如骆驼，可以拉车)。人口众多，有许多小王国，安息国王役使他们，以之为境外的属国。条枝人善为魔术，如吞刀吐火，种瓜种树等。

大夏[2]在大宛西南二千余里妫水南，其习俗土著，有城市，有居室，与大宛习俗同。没有大部落，各城邑设小君长，兵力弱，畏惧征战，居民善经商做买卖。大月氏被老上君单于攻打时，西迁，越过葱岭，攻打大夏，像统治奴仆一样地统治大夏人。大夏居民众多，大约百万，首都为蓝市城，有市场，商贩买卖百货。大夏东南为身毒国(也写作天竺，印度河流域古国名，在今印度、巴基斯坦境内)。

建议开通西南线

张骞对汉武帝说："我在大夏时，见到邛都出产的竹杖，蜀郡产的布。我问他们是从哪里得到这些东西

[1] 条枝的具体位置，学术界意见不一。大致在幼发拉底河之西，有人说在伊拉克境内，或说在叙利亚境内。只有很小一部分临近波斯湾。

[2] 国都在今阿富汗北部巴尔克附近。

的，大夏人说：'我们的商人去身毒国（身毒，印度古称）买来的。身毒国在大夏东南大约几千里的地方。他们习俗土著，和大夏一样；但地势低洼潮湿暑热，百姓骑着大象作战。国土靠近大河（今恒河）。'我推测，大夏离汉朝一万两千里，在汉朝西南边。现在身毒又在大夏东南几千里，有蜀地物产，这就说明身毒国大概离蜀地不远。现在出使大夏，要经过羌人居住的地方（即今甘肃青海交界地区，新疆东南部的羌族地区），路不好走，羌人讨厌我们从那里通行；稍微往北就会被匈奴抓获；从蜀地去应该会是直路，又没有干扰。"

张骞建议，大宛、大夏、安息等国都是大国，有很多珍奇宝物，又是土著，和汉朝的习俗相同，且兵力弱小，看重汉朝的财物；他们北面是大月氏、康居等国，兵力强大，可以用赠送财物、恩惠的办法，让他们来朝拜汉朝。如能不用武力，施行恩谊，使他们归附汉朝，那就可以拓展领土，通过多重翻译，把不同风俗国家的使者或国王，都吸引到中国来。国家恩威扬，名四海。汉武帝听了张骞的建议，非常高兴。

于是汉武帝命蜀郡、犍为郡（今贵州遵义一带。犍，jiàn）派出秘密使者王然于、柏始昌、吕越人等，沿四条路线一同出发：从冉[1]、駹[2]、徙[3]、邛[4]和僰[5]，各路都走一二千里。北路使者，被氐[6]、筰[7]阻拦，南路使者被巂[8]、昆明[9]阻拦。昆明族没有君王，喜欢抢劫偷盗，往往杀害和抢劫汉朝使者，始终没人能够通过。但听说昆明西边大约一千多里远，有一个骑象国家，名叫滇越，而蜀郡有商人私自贩运货物到过那里。汉朝由于探索通往大夏的道路，才和滇越国有往来。当初建元六年（前1135年），汉武帝想和西南各民族往来，费用大，劳民伤财，于是就停止了。张骞说，可以由此通往大夏，汉朝才又继续经营西南。后来虽未找到从西南通往西域的道路，却加强经营西南，设置许多郡县。

---

[1] 成都西北部少数民族部落名，其地约在今四川省松潘县南。

[2] máng，成都西北少数民族部落名，其地约在今四川省茂县县北。

[3] 成都西南部少数民族部落，其地在今四川省茂县北。

[4] 汉代西南少数民族国名。

[5] bó，其地约在今四川省宜宾市。

[6] 氐，dī。古代部族名。

[7] zuó，指筰都，今四川汉源一带。

[8] xī，古代部族名，羌族系统的少数民族，住地在今云南西部的保山县以北。

[9] 古代部族名，羌族系统的少数民族，住地在今云南洱海南面。

元朔六年（前 123 年）汉武帝以张骞曾经居留匈奴十余年，熟悉当地情况为由，令其为校尉，随大将军卫青出征匈奴。他熟悉西域地理，了解沙漠中有水源和牧草的地方，军队因此能够减少困乏。战后论功行赏，张骞被封为博望侯（博望，汉县名，县治在今河南省南阳市东北）。

元狩二年（前 121 年）张骞任卫尉，与李广一起从右北平出发攻打匈奴。李广率领四千余骑为先锋，张骞率领万余骑殿后。张骞所部行军迟缓，未能按期到达目的地。匈奴军包围李广，伤亡较大。张骞延期到达，论罪当斩，他交纳赎金，免于死罪，失侯，成为平民。这年，骠骑将军霍去病率军攻破匈奴西部，杀敌数万，一直打到祁连山。第二年，浑邪王率领部下投降汉朝，河西地区（黄河以西，今甘肃西北部）归属汉朝，自金城（汉郡，郡治允吾，今甘肃永靖县西北）、河西（地名，今宁夏黄河以西地区），沿着南山（今甘肃境内的祁连山），直到盐泽一带，没有匈奴人居住，这一带正式归入汉朝版图，汉朝设置武威、酒泉二郡。匈奴时常派侦察兵，到这一带来侦察，然而人数很少。又过了两年，元狩四年（前 119 年），汉军终于把单于打跑到漠北（戈壁以北，今蒙古国）。汉朝与西域之间的交通，从此顺畅无阻。

元狩四年（前 119 年）第二次通西域

元狩四年（前 119 年），汉武帝多次向张骞询问大夏等国的情况。张骞已经失去博望侯的封号，就向汉武帝提出再次出使西域、联络乌孙东归河西、共击匈奴的建议。张骞对汉武帝说：

> 我居匈奴时，了解到乌孙、大月氏和匈奴的关系。乌孙、大月氏原本居住在祁连山、敦煌之间，乌孙是个小国。乌孙国王号昆莫。大月氏杀死乌孙昆莫的父亲，夺其土地，百姓逃亡到匈奴。乌孙大臣带着刚出生的昆莫，归附匈奴。单于很喜欢昆莫，收养昆莫。等昆莫长大后，单于把他父亲原先的百姓交给他，昆莫安抚百姓。单于让他带兵打仗。他屡次破敌立功，攻下旁边小国，拥有战士数万，熟悉打仗。匈奴单于让他长期驻守匈奴西侧境外。

当时，月氏已被匈奴攻破，便向西攻打塞王（塞，古代部族名），塞王向南逃跑，迁徙到很远的地方去，月氏就占据塞王原来的地方。昆莫长大成人后，向单于请求报杀父之仇，便出兵向西攻破大月氏。大月氏再往西逃跑，迁徙到大夏。昆莫夺得大月氏百姓后，就留居在大月氏的土地上，兵力渐渐强大。恰好这时单于死了，昆莫不肯再臣服匈奴，保持中立。匈奴派奇兵攻打他，没能取胜，匈奴人以为他是神，远远地避开他。

伊稚斜单于刚被大将军卫青、骠骑将军霍去病重创，匈奴浑邪王降汉，其地空无一人。乌孙故地（指河西）又空无一人。乌孙人留恋故乡，又贪图汉朝的物产。如果现在馈赠大量财物给乌孙，招引其向东，迁回故地，汉朝将公主嫁给昆莫作夫人，与他结为兄弟，就可截断匈奴右臂。既联合乌孙，其西部的大夏等国，也可以招来成为我们的藩属。

汉武帝采纳了张骞的建议，拜他为中郎将，率领三百人，每人带两匹马，牛羊数以万计，带金银、礼品价值几千亿钱，另有许多持节（指符节，汉代使臣出使凭证）副使，张骞在路上，就可以派遣这些副使，到附近各国出使。

张骞到乌孙国后，赠送礼物给昆莫，并传达汉武帝的意思：乌孙能向东迁回乌孙故地（即匈奴浑邪王降汉后，空下来的地方），与汉朝结成兄弟关系，汉朝派诸侯王女为昆莫夫人，与乌孙结成兄弟之国。乌孙认为，自己离匈奴近，大臣大多畏惧匈奴；离汉朝远，又不知其国力大小，不愿东归。张骞在乌孙滞留了很久，始终不得要领，于是派遣副使出使大宛、康居、大月氏、大夏、安息、身毒、于阗（今新疆和田。阗，tián）及其他诸国。

元鼎二年（前115年）乌孙王派遣翻译和向导，护送张骞回国，同时还派乌孙使者几十人，带马几十匹，来答谢汉武帝，趁机让他们窥探汉朝的国力。乌孙使者了解到汉朝地域广大，国势富强，于是回报乌孙王，乌孙国越来越重视汉朝，遂与汉朝和亲。汉武帝得到乌孙好马，名曰天马。后得大宛汗血马，马更强壮，改乌孙马名西极，名大宛马为天马。张骞第二次出使西域历时六年之久，虽未达到劝说乌孙东归的目的，却加强了汉朝同西域各国的联系。

张骞回朝后，朝廷授予他大行官职（负责接待宾客的官员），位列九卿。过了一年多，元鼎三年（前114年）张骞去世。又过了一年多，他派遣出使大夏等国的副使，几乎都和各国使者一起，来到汉朝，与汉朝建立联系。因为张骞开辟了通往西域的道路，后来出使国外的使者，为取信于外国，都称作博望侯。乌孙既见汉初人众富厚，回去报告给国王，乌孙越来越重视汉朝，此后，乌孙王与汉朝通婚。

促进中西交流

自从张骞出使西域后，汉朝与西域诸国的关系日益密切，使者往来日益频繁。张骞及其副使足迹所至，西至咸海、里海，南至印度洋。他观察西域各国的人文、地理、风俗、物产等各方面的情况，回国后写成《出关志》一书，向汉武帝报告，司马迁据此写成《大宛列传》。这是现存最早的关于西域地区的历史资料。从此，中国人才开始对亚洲西部和欧洲有所了解，大开眼界。

张骞自从出使西域后，身份显贵，被封为博望侯，闻名中外。此后跟随张骞出使的官吏和士卒争相上书，讲述外国的珍奇之物、怪异之事和利害之情，要求充当使者。汉武帝认为外国非常遥远，并非人人都乐意前往，于是接受他们的要求，赐予他们符节，招募官吏百姓，不论出身，为他们配备人员，派遣他们出使，以扩大沟通外国的道路。

汉朝开通西域后，与西方的交往越来越多，汉朝在浑邪王、休屠王故地陆续设立酒泉、武威、张掖、敦煌四郡，直接沟通内地与西域。酒泉郡的设置，方便出使西城各国，汉朝派遣更多使者，到安息、大秦（罗马帝国的亚非部分）、条支（约在伊拉克东南部），身毒等国。使者出使绝域，路途遥远，备尝辛苦，所以挑选使者不严，说大话、行为不端者有之，他们往往侵占官物，失去皇帝通西域的本意，把携带的官物当私物，想卖给外国，牟取私利。又因为他们熟悉通西域道路，朝庭不想撤掉他们。他们犯罪后，法官审问他们，定为重罪，激怒他们，让他们拿钱赎罪。他们争取再次出使，戴罪立功，又轻易犯法。西域各国厌恶汉使说大话、轻重失实，禁止商人卖食物给汉使，汉使生活困顿，楼兰、车师，不胜其苦。汉使就与西域小国打起来。同时，匈奴常常派奇兵，阻拦汉使。所以经常出现匈奴、楼兰、车师攻打汉使的情况。

于是，汉武帝派遣从骠侯赵破奴，率五属国（汉朝将匈奴先后降汉者分别置于陇西、北地、上郡、朔方、云中等五郡外，是为五属国）骑兵及郡兵（各郡的士兵）数万人攻打匈奴，但匈奴人都逃走。在令居（汉县名，县治在今甘肃永登县西北）以西，筑城防守。元狩二年（前121年）汉置酒泉郡（郡治福禄，即今酒泉市），以通西域。元封三年（前108年），赵破奴率军攻破姑师（今新疆吐鲁番），俘虏楼兰王，从酒泉，直到玉门关、居延泽，设置亭障。酒泉郡的设置，方便使者出使安息、奄蔡、黎轩（即大秦，罗马帝国的亚非部分）、条支（约在伊拉克东南部）、身毒等国，使者连绵不绝，路上相遇，一个使团多者数百人，少者也有一百余人，每人携带的东西和张骞大体相同。汉朝一年中大致派出使者，多时有十余批，少者五六批。远方八九年，近处时间更短，使者就可以回来。汉朝在朔方、河西，至张掖、居延海等大片土地，开渠屯田，保障河西的安全，太初三年（前102年），汉朝令光禄徐自为出五原塞数百里，远者千里，筑城障列亭，保障使者安全。

张骞出使西域，促进了中西的物产交流。汉使从西域带回苜蓿、葡萄、胡桃（核桃）、芝麻、石榴、无花果、菠菜、芫荽（香菜）、大蒜、黄瓜、马匹等物种，同时带给西域各国金、银、瓷器、丝织品、铁器等物品，促进了中西交流。后人有诗称赞道："不是张骞通西域，安得佳种自西来。"高度评价了张骞出使西域，在开启中西文化交流方面的积极作用。

十五、张汤：从廷尉到御史大夫

司马迁在《酷吏列传》中写了一些酷吏。酷吏，指用法严酷、刑罚残暴的官吏。廷尉张汤就是这样的官员。秦统一后，皇帝之下，中央最高官员为丞相、太尉、御史大夫，分别管理行政、军事、监察等方面的工作。

少时有狱吏之才

张汤，长安杜（今陕西西安东南）人，父亲为长安县丞。张汤儿时，有次审判盗肉老鼠，其写的判决书仿佛出自有经验的老狱吏（掌管刑事案件的官员）之手。其父大惊。父亲死后，张汤在长安当官。汉武帝舅舅田胜任九卿（朝廷高级官员）时，犯法，被关在长安县监狱里。张汤竭力照顾他。田胜出狱后被封为周阳侯，跟张汤非常要好，把张汤介绍给长安城贵人。宁成为内史（负责治理京师的官员）时，张汤是他手下的属官。因为有才能，宁成向上级推荐，升张汤为茂陵尉，负责主管汉武帝陵墓茂陵的土建工程。

彻查贵戚大案，死者数万人

武安侯田蚡（周阳侯田胜的哥哥。蚡，fén）当了丞相，田蚡征召张汤为内史。田蚡经常向天子推荐他。张汤被任命为御史，处理案件。自从卫子夫进宫后，汉武帝对陈皇后很冷淡，陈皇后为夺回皇帝的宠幸，搞了巫蛊之事，诅咒卫子夫等。张汤主持处理陈皇后巫蛊案时，深入追究同党，最后诛杀了三百多人。汉武帝认为他有办事能力，逐步提拔他当太中大夫。

张汤在处理淮南王刘安、衡山王刘赐（刘安的弟弟）、江都王刘建谋反的案件时，都能穷追到底。淮南王谋臣严助和伍被，曾因时机不成熟，劝淮南王不要造反。汉武帝本想宽恕他们，张汤争辩说："伍被本来是策划谋反的人，严助是皇上亲近宠幸的人，是出入宫廷禁门的护卫之臣，竟然这样私交诸侯，如果不杀，以后就不好管理臣下。"于是，皇上同意了对他们的判决。由于张汤的严苛诛求，淮南王案最后被诛杀的列侯、二千石（高级官员）、豪杰竟多达数万人。

匈奴来汉朝请求和亲（和亲指汉朝把宗室女，嫁给少数民族首领为妻），群臣在天子面前议论此事。博士狄山说："和亲有利。"皇上问他，利在何处？狄山说："武器是凶器，不可屡用。高祖想讨伐匈奴，结果平城被围，于是和匈奴结成和亲关系。到惠帝、高后（吕后）时，天下安定快乐。文帝时，想征讨匈奴，结果北方骚动不安，百姓苦于战争。景帝时，吴楚七国叛乱。景帝往来于未央宫和长乐宫间，忧心忡忡好几个月。吴楚七国叛乱平定后，直到去世，景帝不再谈论战争，天下百姓却富裕殷实。如今，自从陛下发兵攻打匈奴，国内财政空虚，边境百姓极为困苦。由此可见，用兵不如和亲。"皇上又问张汤，张汤说："狄山是迂腐儒生，无知。"狄山说："我固然愚忠，御史大夫张汤却是诈忠，处理淮南王和江都王案子，用严酷刑罚打击诸侯，离间骨肉之亲，使各诸侯国王感到不安。我本来就知道张汤是诈忠。”皇上突然脸色大变，说：“我派你驻守一郡，你能不让匈奴入侵吗？”狄山说：“不能。”皇上说：“驻守一县呢？”狄山说：“不能。”皇上又说：“驻守一个边境城堡呢？”狄山想，如果说不能，皇上就要把自己交给法官治罪，只好硬着头皮说：“能。”于是皇帝就派狄山，登上边塞城堡守卫。过一个多月，匈奴攻下边塞城堡，杀了狄山。此后，群臣震惊恐惧，不仅不敢反对攻打匈奴，更不敢反对张汤。元狩二年（前121年）张汤越发受到皇帝的宠信，升为御史大夫，其直接原因是他审理淮南王的案子，表现得很严酷。

判大案用法严酷，善用儒学来包装自己

汉武帝推行外儒内法的统治政策，需要有人协助自己。张汤能迎合皇帝，判决大案，附会儒家观点。于是他就请研习《春秋》《尚书》的博士弟子们，担任廷尉史（廷尉的下属），请他们评判法律的可疑之处。每次上报判决疑难案件，都会预先给皇上分析事情的

原委，皇上认为对的，就接受并记录下来，作为判案的法规，以廷尉的名义加以公布，颂扬皇上的圣明。

如果奏事受到皇上的责备，张汤就认错谢罪，顺着皇上的心意，一定要提到廷尉下属吏员正、左右监和贤能属吏，说：“他们本来向我提议过，就像皇上责备我那样，我没采纳，愚蠢到这种地步。”通常，皇帝都宽恕不追究他。

他有时向皇上呈上奏章，皇上认为好，他就说：“这不是我写的奏章，是正、左右监，椽史（廷尉下属官员。椽，chuán）中的某个人写的。”他推荐官吏，表扬人家的好处，隐蔽别人的过失，往往如此。

他所处理的案件，如果是皇上想要加罪的，他就交给执法严酷的监史（廷尉的属官）去办理；如果是皇上想宽恕的，他就交给执法轻而公平的监史去办理。他所处理的，如果是豪强，则必定舞文弄法，深究法律条文，巧妙诬陷，多方罗织罪名；如果是平民百姓，常常口头向皇帝上奏，虽然按法律条文应当判刑，但他往往请皇上明察裁定。于是，皇上往往就听从张汤的意见，把人放了。

增订律令三百多章，首创唇动腹诽罪名

当初汉王刘邦入主关中时，曾经与关中父老约法三章：“杀人者死，伤人及盗者抵罪”。汉初，周边民族尚未归附汉朝，战事没有停止，约法三章不足以制止犯罪。于是，萧何根据秦朝法令，编成《九章律》。汉文帝时，张释之为廷尉，他说：“法律是天子和天下人共同遵守的。法律规定如此，皇上却要加重处罚如彼，法律就不能取信于民。”“廷尉是天下公正执法的带头人，稍一偏失，天下执法者就会随意执法，或轻或重，老百姓岂不是会手足无措？”张释之执法公平，像水一样平，因此节省了刑罚，一年全国判罪者才四百人，形成刑罚搁置不用之风。司马迁称赞张释之“守法不阿意”，即不阿谀逢迎君主意志。

汉武帝即位后，对外四处征战，对内大兴土木工程，屡次征发民众从事劳役，百姓贫困，资财耗损，走投无路者，屡屡犯法，酷吏大力打击犯罪，为非作歹仍屡禁不止。于是汉武帝招进张汤、赵禹等人，逐条确定法令。法令共三百五十九章，其中死刑有四百零九条，涉及一千八百八十二种情形，死罪案例汇编共一万三千四百七十二件。以致法律条文搁满书架，

掌管法律条文者，如管档案者，都不能看遍全部条文。各郡国在使用法律中情况驳杂，有时同一罪名，却判罚不同。于是，奸吏趁机拿法律做交易，想让罪犯活下来，就用能活下来的条文来判案；想把罪犯判为死罪，就用使之判死罪的条文来判案，有识之士都对此感到非常忧虑。

这时，匈奴浑邪王等人投降汉朝，汉朝出动大军讨伐匈奴，崤山（今河南西部。崤，xiáo）以东遭遇水涝干旱，贫苦百姓流离失所，都依靠政府供应衣食，国库空虚。于是张汤秉承皇上旨意，请求铸造银钱和五铢钱[1]，垄断天下盐铁经营权，打击富商大贾，发布告缗令[2]，铲除豪强兼并之家的势力，玩弄法律条文、巧言诬陷，来辅助法律的推行。

济南亭长（亭，古代基层政区，相当于乡）颜异以廉直著称，逐步升至大司农[3]，他反对国家制造并发行物超所值的白鹿皮币。客人来访，说新法令不好，颜异并未回应，只是嘴唇微动。后来，有人以其他事

[1] 铢，zhū，古代重量单位，二十四铢为一两。

[2] 汉武帝时鼓励告发商人瞒产漏税的一种强制办法。

[3] 秦汉时主管全国财政经济的最高长官，大致相当于今日财政部长。

控告颜异。张汤审案，奏报皇帝说，颜异是九卿之一，见法令不便，不是报告皇帝，而是“腹诽”[1]，于是判处颜异死罪，开启法制史上以“腹诽”治罪的先例，此后公卿大夫多阿谀逢迎皇帝和张汤。

廉洁恭敬名声好，受信任几乎取代丞相

张汤虽然做廷尉、御史大夫，自身修养却很好。他与宾客们交往，同他们喝酒、吃饭。对于老朋友的当官子弟及贫穷的兄弟们，他都照顾得尤其周到。他拜访三公（指丞相、太尉、御史大夫），不避寒暑。虽然张汤执法严酷，内心嫉妒，处事不纯正公平，却得到廉洁恭敬的好名声。那些执法酷烈刻毒的官吏，都被他任用为属吏、爪牙，又依附于儒学之士。执法酷烈刻毒的官吏，与儒学之士相配合，张汤才信任他们。丞相公孙弘，曾屡次称赞他的美德。

张汤曾与赵禹一起制定各种法律条文，务求苛刻严峻，以约束在职官吏。不久，赵禹升任中尉[2]，又

[1] 腹诽，指内心不满，有意见却不说出来，只在心里嘀咕。

[2] 官名，秦汉时主管首都治安。

改任少府[1]，张汤为廷尉，两人友好交往，张汤以对待兄长的礼节对待赵禹。赵禹为人廉洁傲慢，当官以来，家中没有食客。三公九卿前来拜访，赵禹始终不回访答谢，务求断绝与知心朋友和宾客的来往，独自一心一意地处理公务。赵禹对下属的判决大多采纳，不复查，专找属官隐秘的罪过。张汤为人多诈，善施智谋以控制别人。他刚开始当小官时，就与宾客商人田甲有钱财之交。他当上廷尉后，田甲已成为长安富商。田甲教张汤要急公好义，慷慨仗义。张汤便开始结交天下名士大夫，张汤内心虽然同他们不合，但表面上却装出仰慕的样子。

御史大夫是副丞相，可张汤每次上朝奏事，谈论国家的财政状况，一直谈到傍晚，天子听得忘了吃饭。张汤当御史大夫时，当时的丞相依次为李蔡、庄青翟。丞相无事可做，空占相位，国家大事都取决于张汤。由于汉武帝对内大兴土木之功，对外与周边民族频繁作战，百姓不能安心生产生活，骚动不安，政府专营的盐铁等产业并未获利，而贪官污吏却营私舞弊，侵

[1] 官名，负责掌管山海地泽收入和手工业。

夺渔利，于是御史大夫张汤依法惩办治罪。上自三公九卿，下到平民百姓，都指责张汤。

张汤曾经生病，天子亲自前去看望他，其尊贵到如此地步。张汤当了七年御史大夫，失败自杀，原因是统治集团内部倾轧，有人诬陷张汤贪污。张汤死后，家产不过五百金，都是皇帝的赏赐和俸禄，并无其他产业。兄弟诸子想厚葬张汤，其母亲说："张汤身为天子大臣，受人家诬陷而死，为什么要厚葬！"用牛车拉着棺材到墓地，只有棺材，却没有椁（套在棺材外面的大棺材，guǒ）。汉武帝听说后，为张汤的死，感到惋惜，于是晋升了他儿子的官职。

瑜不掩瑕：廉洁难以掩饰大非

对于张汤的行为，当时位列九卿的汲黯（时任主爵都尉）拜访大行令（大行，即大行令，也称典客，主管少数民族事务）李息时说："御史大夫张汤，智巧足以阻挠他人的批评，奸诈足以掩饰自己的过失。他专用机巧谄媚之语，强辩挑剔之词，不肯堂堂正正地替天下人说话，而一味地去迎合皇帝的心意。皇帝想要治罪的，他就顺从皇帝的心意去诋毁乃至判罪；皇帝想要放过的，他就跟着夸赞，派执法公允的下属去处理案件。他喜欢无事生非，搬弄法令条文。在朝中，张汤内心深怀奸诈，来逢迎皇帝的旨意；在朝外，他挟制为害社会的官吏，来加强自己的威势。”汲黯指出张汤阿谀逢迎君主的特点。这种批评有一定的合理性，但也不尽然。汉武帝兴造功业，需要统治集团内部的协调与支持，公孙弘、张汤等人就是最大的支持者。

在古代中国，唯有君主和大臣才能为人师表。孔子说：“上者，民之表也”。汉文帝在诏书中说：“三老（古代掌管教化的官员），众民之师也。廉吏，民之表也。”汉景帝说：“吏者，民之师也。”司马谈说：“人主，天下之仪表也。”司马迁说：“国有贤相良将，民之师表也。”那么，酷吏是否能为民师表呢？司马迁认为，在酷吏中，廉洁者完全可以成为人们的表率，污浊者足以使人们引以为戒。他们谋划策略，教导百姓，禁止奸邪，一切作为都斯文有礼，恩威并施。他们执法虽然惨烈严酷，但与其职位是相称的。也许正是从这个角度上说，张汤称得上为民师表。

然而，司马迁只肯定张汤的廉洁。对张汤执法（廷尉）、立法和司法（御史大夫）是否公正、合理，司马迁持否定态度。汉武帝时对外四处征战，对内大兴土木，劳民伤财，经济凋敝，引起民众的不满与反抗，酷吏应运而生。小的肯定是建立在更大、更根本的否定基础上的。

结 语

在西汉历史上，人才之盛有过三次高潮。第一次是汉初“布衣将相”的局面。清代史学家赵翼对此曾总结说，汉初诸臣中，张良出身最为尊贵，是韩国相国的儿子；张苍是秦代御史；叔孙通是秦代待诏博士（官名）；萧何是沛县县吏；曹参是狱吏；任敖是狱吏；周苛是泗水（郡名，今江苏安徽北部）小官；傅宽是魏王豹手下骑将；申屠嘉（复姓申屠，名嘉）是武士；其余陈平、王陵、陆贾、郦商、郦食其、夏侯婴等都是没有经验的士兵；樊哙是杀狗的；周勃以编织蚕箔、为丧家做吹鼓手为生；灌婴是卖丝绸的；娄敬是拉车的。西汉初年各方面的人才，大都是这些出身平民的人。这么多出身贫寒的人担任将相，这是此前从来没有过的情形，因此秦汉之际，称得上历史上从未有过的变局吧。

汉初人才之盛，既有时代变局的因素，也有汉高祖不拘一格用人才的因素。司马迁在《刘敬叔孙通列传》中曾说，古语说，“价值千金的裘皮大衣，不是仅用一只狐狸的腋皮就能缝制成的；楼台亭榭的椽子（屋顶斜木中的一种），不是仅靠一棵树上的枝条就能修建的；夏、商、周三代的功绩，也不是仅靠一个贤士的智谋就能成功的”。确实如此呀！高祖从低微的平民起事，平定天下，谋划大计，用兵作战，可以说极尽能事。然而刘敬摘下拉车的横木，去见皇帝，一次进言，便建立了汉朝大业的基础，才能智慧怎会为少数人所专有！叔孙通善于度量事务，制定礼仪或取舍，能够与时俱进，最终成为汉代儒生的宗师。楚汉之争，力量强大的项羽垓下被围，四面楚歌，乌江自刎；而力量弱小、百战百败的刘邦却能够成功，这是众人勠力同心、浴血奋战、运用智谋的结果，而不是天意。

第二次是汉武帝时。第三次是汉宣帝中兴。对于汉武帝时的人才之盛，班固曾经总结道：汉朝建国六十余年，天下安定，府库积蓄充实，而四方的蛮夷还没有归顺，各种制度还有缺漏，皇上想举用有文才武略的人，求贤若渴，好像怕追不上似的。汉武帝用安东（用蒲叶包裹车轮，乘坐舒适方便）去迎接枚乘，看到主父偃，就叹息相见太晚。因此，群臣倾慕向往，奇人异士同时出现。卜式从牧羊人中被选拔出来，桑弘羊从商人中被选拔出来，卫青奋起于奴仆之间，金日磾（金日磾，西汉大臣，原为匈奴休屠王太子，后来降汉。日磾，mì dī）从匈奴投降的人中被选拔出来，这些人是和从前筑墙的傅说（yuè）、喂牛的宁戚一类的人啊。汉朝人才，以武帝时最多。学识渊博而有雍容风度的有公孙弘、董仲舒、兒（ní）宽；忠厚老实、勤奋做事的有石建和石庆；质朴刚直的有汲黯、卜式；善于推荐贤才的有韩安国、郑当时；制定律令的有赵禹、张汤；善写文章的有司马迁、司马相如；能言善辩、诙谐滑稽的有东方朔、枚皋；善于应对的有严助、朱买臣；擅长天文历法的有唐都、落下闳；懂得音律的有李延年；擅长财经筹划的有桑弘羊；奉命出使的有张骞、苏武；杰出的将帅有卫青、霍去病；接受皇帝遗诏辅助幼主的有霍光、金日磾；人才数不胜数。因此，汉武帝时期建立的功业，留给后世的制度和文献典籍，后世没有能赶得上的。班固所列，基本上包含了汉武帝时各方面的人才。

汉武帝是中国历史上独步千古、雄才大略的君主，创造了流传千古的宏大事业，结束了汉族长期遭受北方少数民族侵扰的历史，铸就了中国历史上的一个伟大的时代。其时涌现出了许多在中华民族史册上闪闪发光的名字：卫青、霍去病、李广、张汤、司马迁、司马相如、董仲舒、苏武、张骞等。正是这些人成就了汉武帝的宏图大业。东汉学者应劭（shào）说，汉武帝驱逐夷狄（指周边少数民族），开拓疆土，尊崇推广礼学，无论是制度还是文章，在历代帝王中都是首位。汉武帝之所以是“百王之冠”，除了有赖于他自身的雄才大略外，还有赖于众多贤臣名将的协助。

汉武帝时为什么会人才济济？第一，汉武帝创造了一个广泛选拔人才的制度环境。汉代在朝廷为官者，汉初多为功臣，兼有三老、力田等科目。文景时，有孝廉、秀才、博士、资选（按家庭财产选拔）等途径。汉武帝时，对外征伐周边少数民族，在边境设置郡邑，军人屡次出动，对内改革制度，朝廷事务繁多，汉武帝要求地方官员推举孝廉，否则以不敬、不胜任论罪。他屡次选拔贤良文学之士，前后有一百多人，其中优秀者有董仲舒、公孙弘、严助、朱买臣、吾丘寿王（复姓吾丘，名寿王）、司马相如、主父偃、徐乐、严安、东方朔、枚皋、胶仓、终军、严葱奇等。元封五年（前106年），大将军卫青卒，汉武帝下诏说“有非常之功，必待非常之人。”要求各州郡不拘一格举荐优秀人才、超常人才。汉武帝要选拔的不仅是能献计献策的人才，还需要能直言进谏的人才。当时很多人都上书直言政治得失。虽然汉武帝朝有阿谀逢迎的公孙弘、张汤等人，但也有好直谏、屡犯龙颜的汲黯，汉武帝称赞其为社稷之臣。东方朔察颜观色，直言进谏，皇帝经常采纳。

第二，公孙弘出身于平民，几年后官至丞相，封平津侯。他在丞相府设立东阁，经营客馆，招揽天下之士。一个叫钦贤馆，用来招待贤德的人；一个叫翘材馆，用来招待有才能的人；还有一个叫接士馆，用来招待优秀的人才。德行能够协助辅佐治理的人，住在钦贤之馆；才能能够当将军、二千石的人，住在翘材之馆；有微小的善行或一技之长的人，住在接士之馆。公孙弘厉行节约，只吃一种肉，吃脱皮的小米饭，盖布制的被子，所得俸禄赏赐，都供应给平生故交和宾客，家中没有多余的财产。公孙弘之后，李蔡、严青翟（即庄青翟）、赵周、石庆、公孙贺、刘屈氂（máo）先后任丞相。自李蔡至石庆，对丞相府客馆不加修缮，客馆变成废墟。到公孙贺、刘屈氂时，客馆倒塌损坏，政府把客馆当作马厩、车库、奴婢室。汉武盛世，面临转衰的局面。

汉武帝不姑息错误。百官犯错误，或没有成绩，都会受到处罚。张骞因出使西域、战时带士卒找到水草肥美的地方，而被封为博望侯，后因战时没有按时到达指定地方，犯了死罪，缴纳赎金后成为庶人。大将军李广因打仗士卒伤亡较多，按罪当斩，缴纳赎金后成为庶人；元狩四年（前 119 年）因迷路，自杀。苏建丢掉军队逃跑，本应斩首，缴纳赎金后成为庶人。路博德因犯法被剥夺爵位。丞相石庆、车千秋因无所作为，都曾受到斥责；犯罪丞相如严青翟、李蔡、公孙贺、刘屈氂等，都死于狱中。这就使得百官兢兢业业，恪尽职守。

《通鉴》记载："上招延士大夫，常如不足，然性严峻，群臣虽素所爱信者，或小有犯法，或欺罔，辄按诛之，无所宽假。汲黯谏曰：'陛下求贤甚劳，未尽其用，辄已杀之。以有限之士，恣无已之诛，臣恐天下贤才将尽，陛下谁与共为治乎！’黯言之甚怒，上笑而谕之曰：‘何世无才，患人不能识耳，苟能识之，何患无从。夫所谓才者，犹有用之器也。有才而不肯尽用，与无才同，不杀何施！’”

学校教育，使汉武帝时从官员，到小吏，到平民百姓，文化素养较高，统治基础较好。在制度建设上，汉承秦制。但秦、汉最大的不同，是对教育、对人民的态度和政策不同。秦国，自商鞅变法以来，实行愚民政策，只允许人们读法律条文和农书、占卜书，其他书都不许读、不许讨论，不许人民议论朝政。秦朝设立博士七十人，但他们只是充数，当摆设。秦始皇从一个西方诸侯国王，一跃而消灭东方六国，平定天下，成为全中国的皇帝，志得意满，踌躇满志，认为自古至今，三皇五帝都不及他。邹峄山刻石、泰山刻石、琅琊台刻石、烟台芝罘刻石、碣石刻石，都极尽歌功颂德之事。李斯又建议禁止私学，毁掉《诗》《书》百家语，只保留医药、占卜、农业种植等技术书籍，想要学习者，以吏为师，甚至焚书坑儒。秦末，读书人都跑到陈胜的队伍中。秦朝丞相和大臣，只按皇帝命令办事，凡事都倚靠皇帝。全国官员都小心翼翼，只求保住官职、俸禄不失，不敢尽忠。占星气者三百人，都畏惧秦始皇，阿谀逢迎，不敢正言其过。忠臣不敢进谏言，智士不敢出谋划策，天下大乱，皇帝竟然不知道，还沉浸在歌舞升平的假象中。

汉朝，一改秦弊，花大力气收集图书，鼓励人民学习。汉初，尚有战争、平定四海之事，未来得及兴办学校。统治集团内部，重视总结历史经验，陆贾撰写《新语》，讲述汉立国后，怎样安定天下，让百姓休养生息。齐相曹参，从胶西请来黄老学派大师盖公，盖公讲述治国之道，在于清静无为。汉惠帝、吕后时，百官公卿都是武力有功之臣。汉文帝设立贤良方正科来选拔人才，汉文帝和窦皇后都喜好黄、老、刑名、百家之学，汉景帝等都学习黄老术。但是，汉景帝派晁错跟济南伏生（时九十多岁）学习《尚书》。汉景帝不信任儒生，博士官只是备员充数，不受重用。

汉武帝罢黜百家，尊重儒学。他提倡建立礼仪制度，使百官小吏和人民都能崇贤为善，兴办学校教育，让人民读书识字，磨砺人才。他要太常（后来的礼部）兴办学校，让礼官为天下先。

于是太常[1]公孙弘上书朝廷说，教育劝善惩恶，建首善自京师始（首都要为全国做表率），由内地向边郡扩大。给太学的博士（即教授）配置五十名弟子（博士生），免除其应承担的劳役、赋税。太常挑选年十八以上仪态端正者，充当博士的弟子。郡、国、县、道、邑中好读儒学、尊敬长上、遵守国家法律、言行举止合乎规范者，县、道、官员推荐给郡守，郡守考察，合格者，与上计吏（各郡国向朝廷奏报人口赋税等情况的官员）一起到太常，到太学跟博士读书，享受博士弟子的待遇。每年考试一次，精通五经中的任何一种，可以充当太常下文学掌故，成绩优等者可以为郎（皇帝身边低级侍从官员），太常造册上报；成绩特别突出，随时将其名字上报朝廷。不好好学习、才质低下、一种经书都不能通过者，取消其学习资格，同时惩罚各级推荐者。

同时，公孙弘认为，皇帝发布的诏书明晓天人之际，通达古今之义，文字优雅，训辞深厚，恩惠美好，可是小吏不识字，不能把国家和皇帝的各种诏书、律

[1] 掌管礼仪教育，后世礼部，类似今教育部。

令的意思，透彻地向下宣讲出去。因此，他要求选择俸禄一二百石能通晓《诗》《书》《礼》《易》《春秋》中任何一种的小吏，去给左右内史[1]充当卒史。内地各郡，用这种人二人充当太守卒史，边郡一人。太学的博士弟子，从开始的五十人（每经十人），到西汉末三千人。

由于学校教育，很多博士或博士的弟子，都官至郡守一级，甚至做到三公九卿，提高了官员整体水平。有些人没有上学，但是半耕半读，如朱买臣。普通民众水平也有提高。如兒宽为左内史长官，劝农业，缓和刑罚，审理狱讼，体谅下士，务在得人心。选用仁厚读书人做小吏，体谅下情，不求名声，官员和百姓都爱戴他。兒宽在关中开关辅渠，制订分水的规则，征收租税时，较为宽缓，结果租税征收不足。后来有大军出征，粮草不继，左内史完成征租最差，应当免职。老百姓闻听此事，都怕失去这位长官。大户人家用牛车，小户人家挑着担子，向官府交租，结果左内史收租又排在第一。这说明了兒宽个人的人格魅力，

[1] 长安及其郊区的行政长官。东部长官称左内史，后改为左冯翊；西部长官称右扶风。

也说明百姓知道遵纪守法的道理。汉宣帝时京兆尹赵广汉深得民心，后来他犯法当死，吏民到未央宫北阙号哭者数百人，有人竟说："我们活着无益于国家，愿意代替赵京兆受死刑，让赵京兆继续抚养百姓"。总之，学校教育使得官员、学生和百姓，都懂得君臣上下父子之礼，夫妇长幼之区别。这种教育，有利于国家统治和管理。

参考文献

［1］司马迁:《史记》，中华书局，2011 年。

［2］班固 :《汉书》，中华书局，2011 年。

［3］白寿彝:《中国通史纲要》，上海人民出版社，1980 年。

［4］白寿彝:《史记新论》，求实出版社，1980 年。

［5］韩兆琦:《史记选注汇评》，中州古籍出版社，1990 年。

［6］韩兆琦:《史记笺证》，江西人民出版社，2004 年。

［7］张大可:《史记全本新注》，三秦出版社，1990 年。

［8］杨燕起:《史记精华导读》，中国旅游出版社 1993 年。

［9］瞿林东:《中国古代史学批评纵横》，中华书局，1994 年。

[10] 施丁:《汉书新注》，三秦出版社，1994 年。
[11] 白寿彝:《中国史学史》第 3 版，北京师范大学出版社，2016 年。